Jeff Galloway
Laufen – Der perfekte Einstieg

Aus Gründen der besseren Lesbarkeit haben wir uns entschlossen, durchgängig die männliche (neutrale) Anredeform zu nutzen, die selbstverständlich die weibliche mit einschließt.

Das vorliegende Buch wurde sorgfältig erarbeitet. Dennoch erfolgen alle Angaben ohne Gewähr. Weder die Autoren noch der Verlag können für eventuelle Nachteile oder Schäden, die aus den im Buch vorgestellten Informationen resultieren, Haftung übernehmen.

Jeff Galloway

Laufen
Der perfekte Einstieg

Meyer & Meyer Verlag

Originaltitel: Running – Getting Started
© 2006 by Meyer & Meyer Sport
Übersetzt von Dr. Jürgen Schiffer

Laufen – Der perfekte Einstieg

Bibliografische Information der Deutschen Nationalbibliothek
Die Deutsche Nationalbibliothek verzeichnet diese Publikation in der Deutschen Nationalbibliografie; detaillierte bibliografische Details sind im Internet über ‹http://dnb.d-nb.de› abrufbar.

Alle Rechte, insbesondere das Recht der Vervielfältigung und Verbreitung sowie das Recht der Übersetzung, vorbehalten. Kein Teil des Werkes darf in irgendeiner Form – durch Fotokopie, Mikrofilm oder ein anderes Verfahren – ohne schriftliche Genehmigung des Verlages reproduziert oder unter Verwendung elektronischer Systeme verarbeitet, gespeichert, vervielfältigt oder verbreitet werden.

© 2006 by Meyer & Meyer Verlag, Aachen
2. Auflage 2009
Adelaide, Auckland, Budapest, Cape Town, Graz, Indianapolis,
Maidenhead, Olten (CH), Singapore, Toronto
Member of the World
Sport Publishers' Association (WSPA)
Druck und Bindung: B.O.S.S Druck und Medien GmbH
ISBN 978-3-89899-417-0
www.dersportverlag.de
E-Mail: verlag@m-m-sports.com

Inhalt

1. Vorwort: Auch Sie können ein Läufer sein! 7
2. Vorteile des Laufens 10
3. Was benötigen Sie für den Anfang? 21
4. Ein Besuch im Laufladen 30
5. Erfolgreiches Lauftraining 39
6. Ihre erste Woche – Trainingsbeginn 44
7. Ihr Drei-Wochen-Plan 49
8. Ihre nächsten 21 Wochen 53
9. Die Lauf-Walking-Methode nach Galloway 62
10. Aspekte des Ausdauertrainings 66
11. Das Trainingstagebuch 78
12. Fettspeicherung im Körper 88
13. Trainingsprogramm zur Fettverbrennung 99
14. Lebenslanges Fettverbrennungstraining 104
15. Optimale Fettverbrennung 110
16. Der Einfluss der Blutzuckerkonzentration auf die Motivation 120
17. Die Ernährung eines Sportlers 125
18. Lauftechnik 130
19. Verletzungsfrei laufen 142
20. Ihr erstes Rennen 148
21. Beschwerden und Schmerzen 162
22. Stretching 172
23. Krafttraining 175
24. Wie Sie motiviert bleiben 180
25. Crosstraining: Alternative Trainingsformen ... 188
26. Training bei Hitze und Kälte 195
27. Ausreden 209
28. Was ist mit den Kindern? 214
29. Fehlende Motivation 217
30. Häufige Fragen und Probleme 222

LAUFEN – DER PERFEKTE EINSTIEG

31	Problembeseitigung, Beschwerden und Schmerzen 240
32	Laufen mit 40, 50, 60 oder 70 246
33	Herzerkrankung und Laufen 254
	Bildnachweis 256

1 Vorwort

Auch Sie können ein Läufer sein!

Nachdem ich über 150.000 Menschen dazu animiert habe, den energiebetonten Lebensstil eines Läufers anzunehmen, ist mir klar geworden, dass nahezu jeder dazu in der Lage ist, mit dem Laufen zu beginnen – und es muss weder Schmerzen bereiten noch extrem ermüdend wirken. Alles, was Sie brauchen, um diesen Prozess in Gang zu setzen, ist der Wunsch dazu – nicht nur den Wunsch zu laufen, sondern auch den Wunsch, den wachsenden Lauferfolg zu spüren sowie Körper, Verstand und Geist in Einklang zu bringen.

Es gibt wenige Erfahrungen im Leben, die ein ähnliches Maß an Befriedigung auslösen, wie das Laufen oder Gehen zusätzlicher Kilometer, wozu wir uns ursprünglich nicht für fähig hielten. Wenn man den Experten Glauben schenken darf, dann führt uns das Laufen zu unseren Wurzeln zurück. Während der langen Touren, die sie gehend oder laufend in kleinen Gruppen bewältigten, entwickelten die Urmenschen typisch „menschliche" Eigenschaften. Wenn wir einen Berg in Richtung unseres Zuhauses emporkeuchen, erleben wir vermutlich dieselben Gefühle, die unsere Urahnen vor mehr als einer Million Jahren empfanden.

Eine der großen Überraschungen beim Laufen ist, dass es Spaß macht. Sicherlich kennen die meisten von uns Läufer, die versucht haben, zu lange oder zu schnell zu laufen und die damit schlechte Erfahrungen gemacht haben. Aber wenn Sie sich entschließen, nach einem Trainingsplan zu laufen, das Tempo reduzieren, Gehpausen einlegen, bevor Sie sie eigentlich benötigen, vorsichtig sind und nicht zu viel Druck auf sich ausüben, können Sie negative Erlebnisse vermeiden. Es kann einige Wochen dauern, bis Sie den richtigen Weg gefunden haben, aber wenn Ihnen dies erst einmal gelungen ist, lohnt sich jeder Lauf.

Die Beziehungen und Freundschaften, die Sie während Ihrer Läufe schließen, sind eine weitere, wichtige Bereicherung. Bei langen Läufen handelt es sich eher um „Beziehungen". Praktisch jeder Läufer, den Sie treffen, wird Sie freundlich begrüßen und Ihnen – wenn nötig – Hilfe anbieten. Diese Ratschläge können Sie verwirren, da sie sehr unterschiedlich ausfallen. Aber Sie entscheiden selbst, welchen Weg Sie einschlagen. Die in diesem Buch enthaltenen Informationen bringen Ihnen auf direktere Weise Tipps und Empfehlungen, die nützlich sind.

Die meisten von Ihnen beginnen aus innerem Antrieb mit dem Laufen; vielleicht ist es das Bedürfnis nach einer kleinen Herausforderung. Laufen erfordert eine einzigartige Mobilisation der Ressourcen, die in allen von uns schlummern. Indem wir uns auf diese Herausforderungen einlassen, stellen wir fest, dass wir über viel mehr Kraft verfügen, als wir dachten.

Ich möchte Sie in die wunderbare Welt des Laufens mitnehmen, die für sich selbst spricht. Wenn Sie laufen, lassen Sie die Regeln hinter sich und betreten eine Welt, in der Sie sich ganz frei fühlen können. Es liegt an Ihnen, wie Sie das Laufen definieren und mit welcher Intensität Sie trainieren. Ich hoffe, dass Sie auch andere Menschen ansprechen werden und mit ihnen die Faszination des Laufens teilen werden und sie zum Mitlaufen animieren. Ich spreche aus Erfahrung, wenn ich behaupte, dass dieses Verhalten Ihre läuferische Entwicklung positiv beeinflussen wird.

Selbst wenn Sie Zweifel haben, bitte ich Sie, dies zu glauben und fordere Sie auf, sich auf die Straßen, Wege oder Laufbänder der Welt zu begeben und es einmal mit dem Laufen zu versuchen. Wenn Sie regelmäßig laufen und dabei realisieren, dass Sie alle diese Vorteile und noch weitere erleben, werden Sie ein Glücksgefühl verspüren. Nachdem ich über 50 Jahre lang regelmäßig gelaufen bin, entdecke ich auch heute noch immer neue Vorteile und genieße fast jeden Schritt auf der Strecke.

Dieses Buch will Ihnen Ratschläge von Läufer zu Läufer geben. Es will kein medizinischer Ratgeber sein oder wissenschaftliche Fakten vermitteln. Wenn Sie mehr Informationen dieser Art benötigen, sollten Sie einen Arzt aufsuchen oder die medizinischen Fachzeitschriften durchforsten. Das Wichtigste ist aber, dass Sie lachen und Ihre Läufe genießen.

Jeff Galloway

LAUFEN – DER PERFEKTE EINSTIEG

2 Vorteile des Laufens

„Als ich mit dem Laufen anfing, musste ich alles verfügbare Material über die Vorteile des Laufens lesen – um mich vor die Tür zu begeben. Nun müssen meine Freunde mich zum Schweigen auffordern, denn ich kann nicht mehr aufhören, darüber zu reden, wie toll das Laufen ist."

Viele Wissenschaftler, die sich mit den Anfängen der Menschheit beschäftigen, glauben, dass, bevor unsere Spezies klug genug war, um Werkzeuge herzustellen und Jagdstrategien zu entwickeln, unsere Ahnen überlebten, weil sie tagein tagaus große Distanzen zurücklegten, weil sie gingen und liefen, um Nahrung zu sammeln. Da sie um einen begrenzten Vorrat in einem zunehmend trockenen Klima stritten und weil sie nicht genügend Schnelligkeit und Kraft besaßen, blieben unsere Vorfahren in Bewegung und sammelten die von den Tieren übersehenen oder zurückgelassenen „Reste".

Bei der Suche nach dem nächsten Nahrungsvorrat entwickelten unsere Vorfahren die muskulären Anpassungen, um lange Strecken zurückzulegen, und wurden darüber hinaus für die „Bewältigung dieser Strecken" auf vielfache Weise psychisch und mental belohnt.

Nach Meinung vieler Experten entwickelte sich der Mensch also, weil er lange Strecken zurücklegte – Gehen und Laufen sind somit der Kern unserer Existenz. Andere Spezialisten auf dem Gebiet der Frühgeschichte des Menschen glauben, dass das jährliche Zurücklegen von Tausenden von Kilometern in kleinen Gruppen die Entwicklung der Eigenschaften Kooperation und gegenseitige Unterstützung förderte.

Was sind die Belege dafür, dass unsere Ahnen Läufer waren? Nehmen Sie die Achillessehne. Es handelt sich hierbei um eine einzigartige mechanische Konstruktion, die es den Menschen ermöglicht, sich effizient und rasch und mit minimalem Einsatz vorwärts zu bewegen. Aber diese Form der Spezialisierung wird für das Gehen nicht benötigt. Biomechaniker glauben daher, dass die Achillessehne sich so weit entwickelte, weil unsere Ahnen liefen. Dies zeigt, dass wir geboren wurden, nicht nur, um zu gehen – sondern auch, um zu laufen.

LAUFEN – DER PERFEKTE EINSTIEG

Ist Laufen besser als Gehen?

Beim Gehen (oder Walking) handelt es sich um ein effektives Training, das nicht sehr verletzungsintensiv ist, Kalorien verbrennt und die Fitness entwickelt. Wenn man erst einmal die Kondition erworben hat, die notwendig ist, um breitensportlich walken zu können, kann man viele Kalorien verbrennen, ohne dass einem dies bewusst wird. Der Zweck dieses Buches ist nicht, Walker zu Läufern zu machen. Ein großer Prozentsatz der heutigen Läufer begann als Walker und walkt auch heute noch regelmäßig.

Die Entwicklung eines Läufers

- Zunächst diente das Walken als Herausforderung für den untrainierten Körper.
- Bei jeder Walking-Einheit kam es zu einer belastungsbedingten Entspannung und entsprechenden körperlichen Reaktionen.
- Aber nach mehreren Wochen oder Monaten regelmäßigen Walkings führte das verbesserte Fitnessniveau des Walkers nur noch zu kleineren Anpassungsreaktionen nach der Walking-Einheit.
- Der Walker baute einige kürzere Laufabschnitte in seine täglichen Walking-Einheiten ein.
- Die Laufabschnitte nahmen zu.
- Nach den Lauf-Walking-Tagen fühlte der Walker sich besser, als er sich zu Beginn während der früheren Phasen des Walkings gefühlt hatte.
- Der Walker wurde zum Läufer.

Gründe, die für das Laufen sprechen

Viele Walker beginnen mit dem Laufen, weil sie ihr Training in kürzerer Zeit absolvieren wollen. Manchmal stammt der Impuls von einem Nachbarn, Arbeitskollegen, einem Familienmitglied usw., der/das ein Lauf-T-Shirt

LAUFEN – DER PERFEKTE EINSTIEG

trug oder durch die Nachbarschaft lief. Die Liste der Vorteile für den Einzelnen variiert erheblich. Da ich diese Vorteile jeden Tag von zufriedenen Lauf-„Kunden" zu hören bekomme, möchte ich im Folgenden die häufigsten aufzählen:

Gründe, warum Walker zum Laufen überwechseln

1. Beim Laufen verbrennt man doppelt so viele Kalorien wie beim Gehen derselben Distanz.
2. Laufen führt zu einer größeren Entspannung.
3. Beim Laufen baut man mehr Körperfett ab als beim Walking.
4. Am Ende eines Laufs hat man eine positive Einstellung gewonnen, die einem hilft, den restlichen Tag zu überstehen.
5. Beim Laufen verbrennt man genauso viele Kalorien wie beim Walking, aber in 30 % weniger Zeit.
6. Nach einem Lauf verfügt man über mehr körperliche Energie.
7. Das Laufen vermittelt ein besseres Leistungsgefühl.
8. Laufen löst ein Freiheitsgefühl aus, das man bei anderen Aktivitäten nicht im gleichen Ausmaß erlangt.

Wenn Sie mit dem Laufen beginnen, erleben Sie eine große Fülle positiver Gefühle und Erfahrungen körperlicher, geistiger und spiritueller Art. Auf diese Weise bewältigt Ihr Körper die Ermüdung, die Beschwerden und Schmerzen und die mentalen Zweifel. Beim Umgang mit all diesen Problemen bündeln Sie Ihre inneren Reserven, die seit Urzeiten zum menschlichen Wesen gehören. Das Ergebnis dieses Prozesses ist ein Glücksgefühl. Eine häufige Reaktion ist auch, dass das Laufen den Kopf frei macht. Immer mehr Reaktionen stellen sich ein und es gibt nur wenige innere Gefühle, die stärker und direkter mit unserer Existenz verknüpft sind als die, die vom Laufen herrühren.

LAUFEN – DER PERFEKTE EINSTIEG

Psychische Reaktionen

Während die weiter unten beschriebenen körperlichen Effekte substanzieller Art sind, werden die meisten Gewohnheitsläufer darin übereinstimmen, dass die psychischen Reaktionen einzigartig und noch stärker sind. Jeden Tag höre ich von Läufern, dass sie an vielfältigen anderen Aktivitäten teilgenommen haben. Sie erzählen mir immer wieder, dass das Laufen ihnen ein besseres Gefühl vermittelt als alles andere, was sie tun.

Das „Runner's High"

Wenn Sie erwarten, nach jedem Lauf in einen euphorischen Zustand zu geraten, werden Sie enttäuscht sein. Dies erleben nur sehr wenige Läufer bei sehr wenigen Läufen. Die meisten spüren ein Gefühl der Entspannung und des gesteigerten Wohlbefindens, zusammen mit einem wachsenden Selbstvertrauen. Wenn Sie sich erst einmal an diese subtilen Gefühle gewöhnt haben, werden diese zu einem wichtigen und starken Antriebsmittel für Ihren Alltag.

Lassen Sie sich jedoch nicht dadurch entmutigen, dass Sie nicht jeden Tag Ihre Version des Runner's High erleben. Nur wenige Laufanfänger haben vom ersten Tag an gute Gefühle, die meisten gehen durch viele Höhen und Tiefen, ehe die Effekte konstanter werden. Wenn es so aussieht, als ob einer Ihrer Freunde das Laufen mehr genießt als Sie selbst, seien Sie nur geduldig und aufmerksam. Wenn Sie Ihre Konditionsgrundlage verbessern und an einigen Elementen arbeiten, können Sie fast jeden Lauf genießen, fast jeden Tag.

Endorphine

Bei diesen Hormonen handelt es sich nicht nur um natürliche Schmerzkiller, sondern sie haben auch einen positiven psychologischen Effekt, indem Sie eine Stimmungsverbesserung herbeiführen, die noch stundenlang nach einem Lauf anhalten kann. Wenn Sie mit dem Laufen beginnen, melden interne Kontrollinstanzen, dass es zu Schmerzen kommen wird. Dies bewirkt eine Endorphinausschüttung, um diese Schmerzen besser zu ertragen. Viele der entspannenden, positiven Effekte eines Laufs werden von diesen natürlichen Drogen hervorgerufen, ... die völlig legal sind.

Vitalität

Nach einem Lauf sollten Sie sich voller Energie fühlen, mit der Motivation und dem Bewusstsein, sich den Herausforderungen des Alltags stellen zu können oder Ihre Freizeit zu genießen. Nach Ihrem Lauf fühlen Sie sich mehrere Stunden lang, wenn nicht sogar den ganzen Tag über, lebendiger, besser, als es normalerweise der Fall ist. Wenn Sie sich nicht so fühlen, müssen Sie einige Korrekturen vornehmen, die meist Ihr Tempo oder Ihre Ernährung betreffen, worauf in späteren Kapiteln noch näher eingegangen wird.

Veränderung des Lebensgefühls

Von all den Maßnahmen, die die Menschen ergreifen, um ihr Leben und ihre Einstellung zum Sport zu verändern, hat sich das Laufen als die Beste erwiesen. Untersuchungen der Denkweise von Personen, die diverse Sportarten, Hobbys, künstlerische und anderen Freizeitaktivitäten durchführen, haben gezeigt, dass Läufer das höchste Niveau positiver Faktoren und das niedrigste Niveau negativer (depressiver) Faktoren aufweisen. Nach fast jedem Lauf werden Sie Ihre Einstellung verbessern – vorausgesetzt, Sie wählen eine moderate Tempostrategie und laufen nicht zu lange. Im Zweifelsfall sollten Sie zu Beginn langsamer laufen und häufiger Gehpausen einlegen.

LAUFEN – DER PERFEKTE EINSTIEG

Steigerung der Belastbarkeit

Das Zurücklegen von Strecken zu Fuß vermittelt einem das Gefühl, etwas geleistet zu haben. Dies ist eine der einfachen, aber befriedigenden Effekte, die uns von unseren Vorfahren weitergegeben wurden. Unter dem Strich fühlen wir uns besser, wenn wir am Tag eine gewisse Strecke zu Fuß zurückgelegt haben. Ihr Selbstwertgefühl wächst sogar noch mehr, wenn Sie Ihr gegenwärtiges Ausdauerleistungsniveau hinausschieben. Wenn Sie bei Ihren langen Läufen weiterlaufen, breitet sich das schon beschriebene Glücksgefühl in Ihnen aus, das Sie bei anderen Lebenserfahrungen nicht in dem Maße erleben.

Der Marathonlauf ist für viele Menschen zu einer wichtigen Lebensleistung geworden. Die Realität sieht so aus, dass nur ein Zehntel eines Prozents der Bevölkerung jedes Jahr einen Marathonlauf absolviert. Bei vorsichtigem Training und bei Anwendung der Lauf-Walking-Methode kann nahezu jeder einen Marathon durchstehen. Das Leistungsgefühl, das aus dem Absolvieren eines Marathonlaufs oder eines anderen Wettkampfs, der für Sie eine Herausforderung darstellt, herrührt, bewirkt oft eine positive Veränderung in den Menschen und diese Veränderung kann ein Leben lang anhalten.

Kreativität

Viele Künstler haben mir erzählt, dass sie laufen, weil es ihre Kreativität fördert. Es ist schon seit einiger Zeit bekannt, dass Laufen eine der besten Methoden ist, um die rechte Gehirnhälfte zu aktivieren – das intuitive Zentrum der Kreativität. Wenn bei Sportlern während eines Spiels, Wettkampfs oder Matchs die Aktivität der rechten Gehirnhälfte dominiert, sagen sie, sie befänden sich „in der Zone". Auch Sie können dorthin gelangen. Wenn Sie mit einer Intensität laufen, die Ihrem Fähigkeitsniveau entspricht, wird der gleichmäßige Rhythmus

Ihrer Schritte häufig eine Stimulation der Aktivität der rechten Gehirnhälfte bewirken.

Läufer sind oft überrascht, dass ihnen, nachdem sie den ganzen Tag über an der Lösung eines Problems gearbeitet haben, ebendiese Lösung während eines Laufs einzufallen scheint. So stößt ein Läufer, der während der Arbeit die rationale linke Gehirnhälfte benutzt, häufig gegen eine logische Mauer. Beim Laufen arbeitet die rechte Gehirnhälfte ruhig und unterbewusst und sucht nach einem Weg, um das Notwendige zu erledigen. Viele Experten glauben, dass die kreativen Ressourcen dieser Gehirnhälfte unbegrenzt sind.

Ihre Intuition und Ihr gesunder Menschenverstand arbeiten, wenn Sie Ihre rechte Gehirnhälfte aktivieren. Wenn Sie intuitiv laufen, greifen Sie auf einige vorzeitliche Bereiche zurück, die über unbewusste Urteilsqualitäten und andere Kräfte verfügen, die wir normalerweise nicht einsetzen.

Ich habe meine rechte Gehirnhälfte darauf konditioniert, mich zu unterhalten. Ich beginne häufig mit einem aktuellen Problem oder Ereignis, das ich zu lösen versuche. 10 Minuten später hat die rechte Gehirnhälfte häufig einen Anteil des ursprünglichen Gedankens übernommen und die Persönlichkeit von jemanden hineingemischt, der die Wörter sagt. Nach weiteren 10 Minuten ist eine solche Mischung von Bildern und Gedanken und damit assoziierten, gemischten Bildern entstanden, dass ich lachen muss.

Beim Lachen handelt es sich um eine Aktivität der rechten Gehirnhälfte und das Gleiche gilt für die Reihe der Bilder. Danach kann die rechte Gehirnhälfte mir eine Mischung verschiedener Bilder schicken – einige reale und andere sehr abstrakte – ohne Verbindung zum vorherigen Thema. Und bei einigen Läufen in jedem Jahr fällt die Lösung des ursprünglichen Problems mir einfach zu und wird zu einem bewussten Gedanken.

LAUFEN – DER PERFEKTE EINSTIEG

Erhöhte Produktivität, geringere Ermüdung

Wenn Anfänger zum ersten Mal laufen, erwarten sie, dass sie den ganzen Tag über müde sind. Die meisten stellen jedoch fest, dass das Gegenteil zutrifft. Ein morgendlicher Lauf stimmt Sie geistig und körperlich auf den Tag ein. Sie sind voller Energie, haben die richtige Einstellung, um Probleme anzugehen, und Sie reagieren entsprechend. Diejenigen, die während der Mittagspause laufen, nachdem sie vorher durchgearbeitet haben, stellen fest, dass sie an den Tagen, an denen sie laufen, produktiver sind. Einige sagen, dass das Laufen ihnen zu einer besseren Planung verhilft. Andere behaupten, dass der mentale Schub und die Entspannung sie zu größerem Einsatz motiviert. Viele behaupten, dass beides zutrifft – und mehr.

Freundschaften und Bindungen

Über Generationen hinweg sind die Menschen in Gruppen gelaufen und gewandert. Experten glauben, dass während dieser Reisen viele der positiven teambildenden und sorgenden Eigenschaften entwickelt wurden: gegenseitiges Vertrauen, sich aufeinander zu verlassen und sich gegenseitig zu helfen, schwierige Zeiten zu überstehen. Diese primitiven Instinkte werden bei nahezu jedem Lauf in der Gruppe wiedererweckt.

Selbst wenn Sie mit jemand anderem laufen, werden Sie feststellen, dass Sie Gefühle und Emotionen miteinander teilen, die Sie nicht teilen würden, wenn Sie zusammen bei einem gemütlichen Essen sitzen würden. Beim Laufen können Sie unter dem Einfluss der rechten Gehirnhälfte eine engere Beziehung zu Ihren Lauffreunden aufbauen als zu vielen Familienmitgliedern, die nicht verstehen, was das Laufen Ihnen bedeutet.

LAUFEN – DER PERFEKTE EINSTIEG

Das Leben länger genießen

Ich sehe regelmäßig Läufer über 70, 80 oder gar 90 Jahre, denen man ihr Alter nicht ansieht. Wenn ich genauer hinsehe, stelle ich fest, dass ihre Gesichter und ihre Haut allgemeine Anzeichen des hohen Alters zeigen. Aber ihre Vitalität, mentale Energie und ihre positive Einstellung weisen eher auf ein Alter hin, das 1-2 Jahrzehnte unter dem chronologischen liegt.

Warum ist dies so? Indem sie ihre Ausdauerleistungsfähigkeit verbessern, halten Läufer einen positiven mentalen Zustand aufrecht. Indem sie sich selbst Endorphinschübe verabreichen, sind sie entspannter und haben mehr Selbstvertrauen. Indem sie ihre Muskeln regelmäßig einsetzen und sie während des Laufs mit Sauerstoff überschwemmen, fühlen die Senioren sich gut, haben eine gesunde Ausstrahlung und sind physisch in der Lage, nahezu all das zu tun, was sie auch in ihren Vierzigern getan haben.

Ein größeres Gefühl persönlicher Freiheit

Viele Geschäftsführer und andere sehr beschäftigte und berühmte Menschen haben mir berichtet, dass die einzigen Zeitabschnitte in der Woche, während derer sie sich völlig frei fühlen, die sind, wenn sie laufen – manchmal mit anderen, aber häufig alleine. Ohne Handy, Pager, Chef oder Familienmitglieder in der Nähe können Sie die inneren Bereiche Ihres Selbst ausloten. Gewohnheitsmäßige Läufer drücken diese Freiheit auf vielerlei Weise aus. Dies ist eine andere Art und Weise, in der das Laufen eine freiere Art des Fühlens und Denkens fördert.

Sie verfügen über mehr Energie

Eine primäre Aufgabe dieses Buches besteht darin, Ihnen zu helfen, auf direktere und leichtere Weise die

Effekte, die das Laufen mit sich bringt, zu genießen. Sie können dieses Kapitel dazu benutzen, Sie vor die Tür zu treiben, wenn der innere Schweinehund droht, die Überhand zu gewinnen. Denken Sie an das Glücksgefühl nach dem Lauf und Sie haben ein Lockmittel gefunden, das Sie bei der Stange hält, wenn Sie eigentlich aufhören wollen. Es wird Zeiten geben, in denen Sie psychologische Tricks anwenden müssen, wenn Ihre allgemeine Motivation an hoffentlich wenigen Tagen gegen ein Lauftraining spricht.

Die Informationen und Vorschläge, die Sie in diesem Buch finden, sind während 30 Jahren Arbeit mit Laufanfängern entstanden und basieren auf dem Feedback von über 150.000 von ihnen, die zu Läufern geworden sind. Die folgenden Kapitel können einen wichtigen Beitrag dazu leisten, dass die negativen Effekte des Laufens reduziert oder eliminiert werden.

Fast jeder Mensch kann die Vorteile des Laufens genießen. Ja, Sie können jetzt damit beginnen, ein Läufer zu sein, wodurch Sie Ihr Leben viel mehr bereichern, als in diesem Buch beschrieben werden kann.

- Sie schöpfen aus Ihren inneren Ressourcen.
- Sie werden feststellen, dass Sie kreativer werden, wenn die rechte Gehirnhälfte die Kontrolle übernimmt.
- Sie werden das Selbstbewusstsein empfinden, ein unlösbar erscheinendes Problem in den Griff zu bekommen.
- Sie werden feststellen, dass Sie über mehr innere Kraft und Kreativität verfügen, als Sie geglaubt haben.
- Dieses gesteigerte Gefühl wirkt sich auch auf andere Lebensbereiche aus.

Laufen führt zu mehr Aufmerksamkeit gegenüber körperlichen Abläufen und stimuliert gleichzeitig eine positive Hirnaktivität. Was immer wir für eine Zeit auf der Erde haben, als Läufer (selbst als Gelegenheitsläufer) werden Sie Gelegenheit haben, diese Zeit voll zu genießen.

3 Was benötigen Sie für den Anfang?

„Die wichtigste Kraft in Ihnen, damit Sie sich die ganze Zeit besser fühlen ... ist der Wille, fitter zu werden."

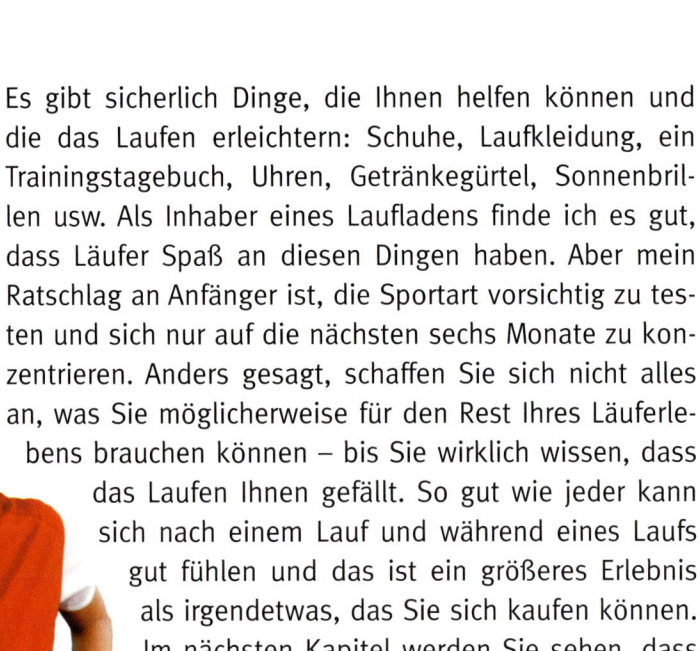

Es gibt sicherlich Dinge, die Ihnen helfen können und die das Laufen erleichtern: Schuhe, Laufkleidung, ein Trainingstagebuch, Uhren, Getränkegürtel, Sonnenbrillen usw. Als Inhaber eines Lauflandens finde ich es gut, dass Läufer Spaß an diesen Dingen haben. Aber mein Ratschlag an Anfänger ist, die Sportart vorsichtig zu testen und sich nur auf die nächsten sechs Monate zu konzentrieren. Anders gesagt, schaffen Sie sich nicht alles an, was Sie möglicherweise für den Rest Ihres Läuferlebens brauchen können – bis Sie wirklich wissen, dass das Laufen Ihnen gefällt. So gut wie jeder kann sich nach einem Lauf und während eines Laufs gut fühlen und das ist ein größeres Erlebnis als irgendetwas, das Sie sich kaufen können. Im nächsten Kapitel werden Sie sehen, dass Sie, wenn Sie Ihre Motivation ein halbes Jahr lang aufrechterhalten haben, wahrscheinlich Ihr Leben lang laufen – und Spaß daran haben werden. Aber ... es fängt alles mit dem Wunsch an.

Zu den befreienden Aspekten des Laufens zählen die minimalen Anforderungen an die Ausrüstung neben dem, was man normalerweise schon besitzt. In den meisten Fällen kann man direkt vor der Haustür oder vom Büro aus loslaufen, indem man öffentliche Straßen oder Bürgersteige benutzt. Sie können normale Bekleidung tragen und brauchen weder eine teure Uhr noch eine Trainingsausrüstung und Sie brauchen sich auch keinem Verein anzuschließen. Das Laufen zu zweit kann zwar motivierend sein, aber Sie kommen auch ohne Partner klar. Die meisten Läufer absolvieren die meisten Läufe alleine.

LAUFEN – DER PERFEKTE EINSTIEG

Läufer

- benötigen keinen Fitnessklub,
- kommen ohne Mitläufer aus,
- sind nicht auf eine bestimmte Tageszeit angewiesen,
- brauchen keine bestimmte Bekleidung,
- brauchen keine besonderen Ausrüstungsgegenstände,
- brauchen weder Unterrichtsstunden noch einen „Profi", der sie unterweist,
- brauchen keine Wettkämpfe.

Ihnen steht es frei,

... alleine zu laufen,
... von Ihrer Haustür, Ihrem Büro oder vom Sportplatz Ihrer Kinder aus zu laufen,
... zu laufen, wann Sie Zeit haben, gleichgültig, ob am Tag oder nachts,
... zu tragen, was Sie wollen,
... Ihr Telefon, Fax oder Ihren Pieper zu Hause zu lassen.

Medizinische Kontrolluntersuchung

Statten Sie Ihrem Arzt einen Besuch ab, bevor Sie mit dem Laufen beginnen. Sagen Sie ihm oder seiner Assistentin nur, dass Sie planen, zu walken und dazwischen ein wenig zu laufen und dass Sie vorhaben, Ihr Training so aufzubauen, dass Sie abwechselnd einen Tag laufen und einen Tag walken. Wenn Ihr Arzt Ihnen vom Laufen abrät, fragen Sie ihn nach dem Grund. Da es sehr wenige Menschen gibt, die nicht laufen können, obwohl sie bewusst Gehpausen einlegen, schlage ich vor, dass Sie eine zweite Meinung einholen, wenn Ihr Arzt Ihnen vom Laufen abrät. Die wenigen Personen, die nicht laufen sollten, haben sicherlich gute Gründe dafür. Aber der beste medizinische Rat lautet, dass Sie sich körperlich betätigen, weil es sich hierbei um die sportlichen Aktivitäten handelt, die die meisten Menschen ausüben.

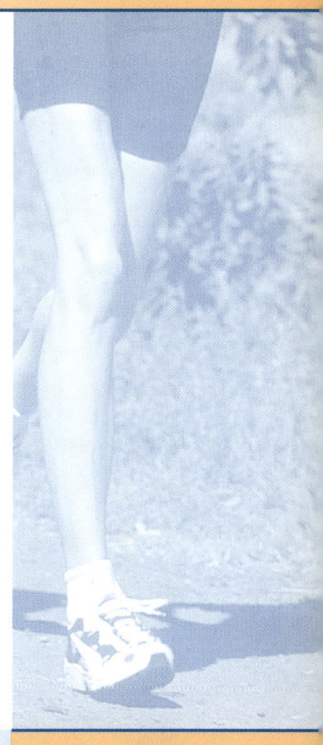

Die Wahl eines Arztes

Immer mehr Hausärzte befürworten ein Fitnesstraining. Sollte Ihr Arzt Sie in dieser Hinsicht nicht besonders unterstützen, fragen Sie die Sprechstundenhilfe, ob sie einen Arzt in der Nähe kennt, der eine positivere Einstellung zur Fitness hat. Die Ärzte, die Befürworter der körperlichen Fitness sind, haben sehr häufig eine positive Lebenseinstellung und verfügen über mehr Energie.

Arztwahl mithilfe anderer Läufer

Fragen Sie die Angestellten in den örtlichen Laufläden, Laufklubmitglieder oder Läufer, die schon sehr lange laufen. Sie kennen in der Regel mehrere Ärzte in Ihrer Stadt, zu denen Läufer gehen, wenn sie ein Problem haben. Die Ärzte sagen mir, dass Läufer, verglichen mit ihren anderen Patienten, mehr Fragen stellen und sich bei guter Gesundheit halten wollen. Sie brauchen einen Arzt, der eine derartige Einstellung begrüßt und als Ihr „Gesundheitscoach" fungieren will; jemanden, der *mit* Ihnen zusammenarbeiten will, um Verletzungen, Erkrankungen und andere gesundheitliche Probleme zu vermeiden. Ärzte haben mir auch gesagt, dass Läufer nicht so oft krank sind.

Schuhe – die primäre Investition: normalerweise unter 100,- € und über 65,- €

Die meisten Läufer entscheiden sich klugerweise, einige Zeit in die Auswahl guter Laufschuhe zu investieren. Immerhin sind die Schuhe ja die einzigen Ausrüstungsgegenstände, die man wirklich braucht. Richtige Schuhe erleichtern das Laufen und verhindern Blasen, müde Füße und beugen Verletzungen vor.

Weil es so viele unterschiedliche Marken und Modelle gibt, kann der Schuhkauf verwirrend sein. Der beste Ratschlag besteht darin, sich den besten Rat zu holen. Der Besuch eines guten Laufladens, dessen Personal aus hilfreichen und erfahrenen Läufern besteht, reduziert den erforderlichen Zeitaufwand und man trifft letztendlich eine bessere Wahl, als man es alleine könnte. Der nächste Abschnitt dieses Buches gibt Ihnen eine Anleitung, wie Sie den besten Schuh für Ihre Bedürfnisse finden können.

Bekleidung: Bequemlichkeit über alles

Das „Bekleidungsthermometer" am Ende dieses Buches (s. S. 206 f.) bietet eine gute Anleitung für den Kauf von Laufbekleidung. Im Sommer benötigen Sie leichte und luftige Sachen. Bei kaltem Wetter ist das Tragen mehrerer Bekleidungsschichten die beste Option. Sie benötigen nicht die neuesten Technokleidungsstücke zum Laufen. An den meisten Tagen reicht eine alte, kurze Laufhose und ein T-Shirt völlig aus. Je mehr Sie das Laufen zu Ihrer Gewohnheit machen, desto eher werden Sie unterschiedliche Kleidungsstücke finden, die Ihnen zu einem besseren Gefühl verhelfen und die Sie dazu motivieren, selbst an Schlechtwettertagen zu laufen. Es ist auch o. k., wenn Sie sich dafür, dass Sie mehrere Wochen lang regelmäßig gelaufen sind, mit einem modischen Outfit „belohnen".

Das Trainingstagebuch

Das Trainingstagebuch ist ein derart wichtiger Bestandteil des Laufens, dass ich ihm ein eigenes Kapitel (s. Kap. 11) widmen möchte. Indem Sie es dazu verwenden, die Zukunft zu planen, und dann später, um sich Ihrer Fehler bewusst zu werden, übernehmen Sie eine wichtige Kontrolle über Ihre läuferische Zukunft. Sie werden es als motivierend empfinden, wenn Sie jeden Tag aufschreiben, was Sie getan haben, und Sie werden diesen Motivationsschub vermissen, wenn Sie einen Tag aussetzen. Lesen Sie auf jeden Fall das Kapitel über das Trainingstagebuch und auch Sie werden die Kontrolle über Ihre Laufzukunft übernehmen.

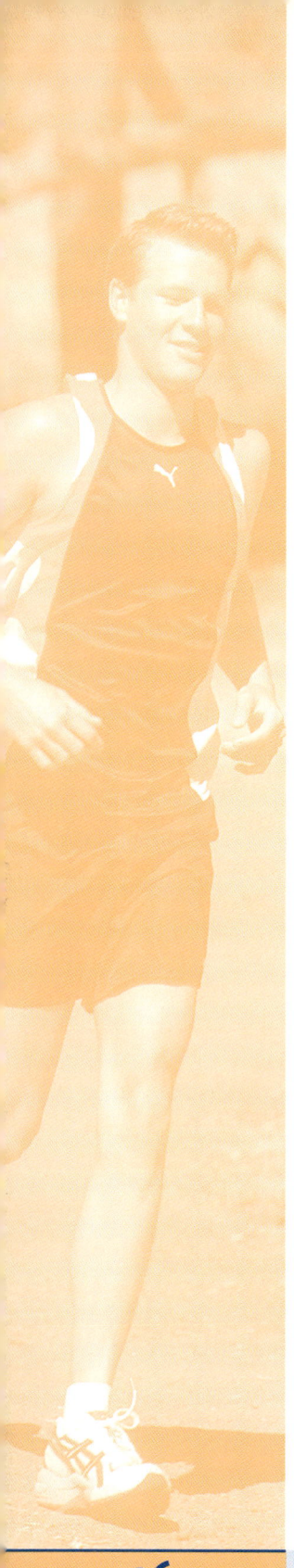

Auswahl der Laufstrecken

Der beste Ort, um mit dem Laufen anzufangen, ist Ihre unmittelbare Wohnumgebung – vor allem dann, wenn es dort Bürgersteige gibt. Am wichtigsten ist die Sicherheit. Wählen Sie eine Strecke abseits des Verkehrs und in einer sicheren Gegend – wo Verbrechen unwahrscheinlich sind. Die Vielfalt der Strecken wirkt sehr motivierend.

Untergrund

Wenn Ihre Schuhe eine ausreichende Dämpfung aufweisen und auch sonst auf Sie angepasst sind, wird der Laufuntergrund weder Ihre Beine noch Ihren Körper einer zusätzlichen Belastung aussetzen. Ein ebener Wald- oder Kiesweg ist der bevorzugte Untergrund. Hüten Sie sich jedoch vor unebenen Laufuntergründen, vor allem dann, wenn Sie schwache Fußgelenke oder Fußprobleme haben.

Wahl eines Laufpartners

Laufen Sie nicht mit jemandem, der schneller als Sie ist – es sei denn, der Partner hat keine Probleme damit, sein Tempo erheblich zu reduzieren – das heißt, das Tempo sollte für Sie angenehm sein. Es ist motivierend, mit jemandem zu laufen, der langsam genug läuft, um eine Unterhaltung zu ermöglichen. Erzählen Sie sich Geschichten, Witze oder unterhalten Sie sich über Probleme, wenn Sie das wollen, und Sie werden eine sehr positive Beziehung aufbauen. Die Freundschaften, die sich während des Laufens entwickeln, können die festesten und lang dauerndsten sein – vorausgesetzt, Sie geraten nicht außer Atem, weil Sie versuchen, ein Tempo zu laufen, das für Sie zu schnell ist.

Motivationsverstärkung

Sie werden in Kap. 5 „Erfolgreiches Lauftraining" sehen, dass Motivationsschübe jederzeit wichtig sind. Entscheidend sind sie jedoch für die meisten Läufer während der ersten 3-6 Wochen. Gehen Sie sensibel vor und belohnen Sie sich mit Dingen, die Ihre Motivation aufrechterhalten und die die Lauferfahrung optimieren (bequemere Schuhe, Kleidungsstücke usw.).

Positive Verstärkung funktioniert! Genehmigen Sie sich nach dem Lauf etwas Süßes, nehmen Sie ein Bad im kühlen Pool, suchen Sie nach einem längeren Lauf ein Spezialitätenrestaurant auf – all dies kann die positive Gewohnheit, die Sie gerade entwickeln, festigen. Besonders vorteilhaft ist es, wenn Sie sich innerhalb der ersten 30 Minuten nach einem Lauf einen Imbiss genehmigen, der etwa 200-300 kcal hat und zu 80 % aus Kohlenhydraten und zu 20 % aus Proteinen besteht.

Ein Termin auf dem Kalender

Schreiben Sie sich jeden Ihrer wöchentlichen Läufe, zwei Wochen im Voraus, in Ihren Kalender. Sicherlich können Sie die Termine abändern, wenn Sie dies möchten. Indem Sie jedoch die Zeit für das Laufen reservieren, sind Sie in der Lage, Ihren Lauf zu planen und dafür zu sorgen, dass Sie ihn tatsächlich durchführen können. Tun Sie so, als ob es sich um eine Verabredung mit Ihrem Chef oder wichtigen Kunden o. Ä. handelt. Eigentlich sind Sie selbst Ihr eigener wichtigster Kunde!

Motivation fürs Training

Es gibt zwei Zeiten, wenn Läufer das Laufen als Herausforderung empfinden: frühmorgens und nach der Arbeit. Im Motivationsabschnitt finden Sie Tests für jede dieser Situationen.

Sie werden viel eher motiviert sein, wenn Sie erst einmal eine Serie von Läufen erlebt haben, die Ihnen ein gutes Gefühl vermitteln.

Ja, wenn Sie im richtigen Tempo laufen und walken, mit der richtigen Vorbereitung, fühlen Sie sich besser, können besser auf andere eingehen und haben mehr Energie, um den Rest des Tages zu genießen.

Vergleich zwischen Laufbändern und Outdoorläufen

In den USA absolvieren immer mehr Läufer mindestens die Hälfte ihrer Läufe auf dem Laufband – vor allem die Läufer, die kleine Kinder haben. Laufbänder vermitteln Ihnen den Eindruck, weiter und schneller gelaufen zu sein, als es tatsächlich der Fall ist (die Abweichung beträgt jedoch normalerweise nicht mehr als 10 %).

Wenn Sie aber auf einem Laufband so viele Minuten laufen wie geplant, und in dem Intensitätsbereich, den Sie gewohnt sind (ohne außer Atem zu geraten), werden Sie nahe genug an den von Ihnen gewünschten Trainingseffekt herankommen.

Um sicherzustellen, dass das Laufpensum Ihren Vorstellungen entspricht, sollten Sie 10 % zu Ihrer geplanten Kilometerzahl hinzuzählen.

Nahrungsaufnahme vor dem Training?

Die meisten Läufer brauchen vor Läufen von weniger als 10 km Länge nichts zu essen. Die einzigen Ausnahmen bilden Läufer mit Diabetes oder ernsthaften Blutzuckerproblemen. Viele Läufer fühlen sich während eines Laufs besser, wenn sie etwa eine Stunde vor dem Start eine Tasse Kaffee getrunken haben. Koffein stimuliert das zentrale Nervensystem, das dafür sorgt, dass alle Systeme, die Sie für das Laufen benötigen, leistungsfähig sind.

Wenn Ihr Blutzuckerspiegel niedrig ist, was häufig nachmittags vorkommt, sollte man etwa 30 Minuten vor dem Lauf einen aus 80 % Kohlenhydraten und 20 % Proteinen bestehenden Imbiss von etwa 100-200 kcal zu sich zu nehmen.

4 Ein Besuch im Laufladen

„Ich konnte den Laufunterschied kaum glauben, den ich feststellte, nachdem ich Schuhe gefunden hatte, die auf meine Füße zugeschnitten waren."

Fragen Sie mehrere Läufer, vor allem die, die schon seit 10 Jahren oder länger laufen, nach den Laufläden in Ihrer Umgebung. Sie brauchen einen Laufladen, in dem man sich für jeden Kunden Zeit nimmt, um die Schuhe zu finden, die am besten zur Form und Funktion Ihrer Füße passen. Machen Sie sich darauf gefasst, mindestens 45 Minuten in dem Laden zuzubringen.

Gute Läden haben oft viel zu tun und ein qualitativ hochwertiges Auswählen der passenden Schuhe kostet Zeit. Guten Rat einzuholen, schützt Ihre Füße. Erfahrene Laufladenmitarbeiter zeigen Ihnen die Schuhe, die Ihnen besser passen und Ihre Füße optimal beim Laufen unterstützen. Ich höre jede Woche von Läufern, dass sie ein „Schnäppchen" gemacht haben, dass sie diese Schuhe dann aber tatsächlich fürs Rasenmähen verwenden, weil sie nicht zu ihren Füßen passen.

Nehmen Sie Ihre abgetragensten Laufschuhe mit in den Laden – es können auch Walking-Schuhe sein

Das Abnutzungsmuster an der Sohle eines viel getragenen Walking-Schuhs gibt einem Laufladenverkäufer sehr viele wichtige Hinweise.

Zunächst informiert das Abnutzungsmuster eines Schuhs über das Abrollverhalten Ihres Fußes. Schuhe werden in verschiedenen Passungsgraden hergestellt und jede dieser Schuhformen ist so gestaltet, dass sie ein typisches Muster der Laufbewegung unterstützen und verbessern.

Ein erfahrener Laufschuhverkäufer erkennt Ihr Abrollverhalten

… indem er Sie beim Gehen und Laufen beobachtet. Dies ist eine Fertigkeit, die man erlernt, wenn man passende Schuhe für Tausende von Füßen aussucht und indem man sich mit anderen Mitarbeitern austauscht, die noch erfahrener sind (tägliche Praxis in den besseren Läden).

Feedback an den Schuhverkäufer

Bei Ihrer Kommunikation mit dem Mitarbeiter des Laufladens müssen Sie ihm ein Feedback darüber geben, wie der Schuh sitzt und wie Sie sich darin fühlen. Sie wollen, dass der Schuh Ihren Fuß schützt, während Sie Ihrem Fuß gleichzeitig erlauben, eine normale Laufbewegung auszuführen. Teilen Sie dem Verkäufer mit, ob es Druckstellen gibt oder ob der Schuh Probleme bereitet, oder nur, ob Sie sich in dem Schuh einfach nicht wohl fühlen.

Informieren Sie den Verkäufer über alle vorhandenen Verletzungen und Fußprobleme

Wenn Sie Gelenkbeschwerden (im Bereich des Knies, der Hüfte und des Sprunggelenks) gehabt haben, möglicherweise auf Grund einer Überpronation (siehe S. 34), benötigen Sie wahrscheinlich einen Schuh, der Ihren Fuß vor dieser übermäßigen Bewegung schützt. Probieren Sie mehrere Schuhe an, um festzustellen, welche Schuhe das beste Gefühl vermitteln – und gleichzeitig helfen, die Pronation unter Kontrolle zu halten.

Fixieren Sie Ihren Fuß nicht, es sei denn, er ist gebrochen

Selbst wenn Ihr Fuß übermäßig hin- und herrollt, brauchen Sie nicht unbedingt einen Schuh, der diese Bewegung kontrolliert. Das Bein und der Fuß passen sich automatisch an, was dazu beiträgt, dass viele Läufer verletzungsfrei bleiben – selbst wenn ihre Fußbewegungen extrem sind.

Die teuersten Schuhe sind nicht immer die besten Schuhe

Die teuersten Schuhe sind normalerweise nicht die besten Schuhe für Ihre Füße. Sie können nicht davon ausgehen, dass Sie sich mit einem hohen Preis einen zusätzlichen Schutz oder zusätzliche Laufkilometer erkaufen können. Angesichts des Preises mancher Schuhe könnte man annehmen, dass sie einem das Laufen abnehmen. Das stimmt leider nicht.

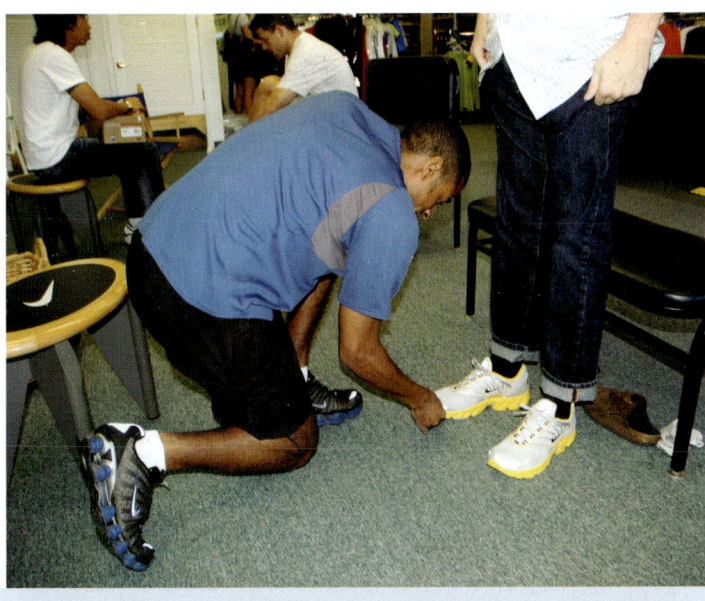

Wenn sich kein Laufladen in Ihrer Nähe befindet ...

1. Schauen Sie sich das Abnutzungsmuster Ihrer abgetragensten Walking- oder Laufschuhe an. Benutzen Sie die unten stehende Klassifizierung, um ungefähr drei Paare Schuhe aus einer der unten stehenden Kategorien auszuwählen:

Instabiler Fuß?

Wenn Ihre Schuhe ein Abnutzungsmuster aufweisen, das für einen instabilen oder flexiblen Fuß typisch ist (abgelaufene Stellen an der Innenseite der vorderen Sohlenpartie) und Sie Beschwerden im Bereich der Füße oder Knie haben, sollten Sie nach einem stabilen Schuh suchen, der über eine Antipronationsstütze verfügt.

Starrer Fuß?

Wenn Ihre Schuhe ein Abnutzungsmuster am äußeren Rand der Vordersohle aufweisen und sich keine Abnutzungserscheinungen auf der Innenseite zeigen, haben Sie aller Wahrscheinlichkeit nach einen starren Fuß. In diesem Fall können Sie nach einem neutralen Schuh suchen, der beim Laufen oder Walken eine adäquate Dämpfung und Flexibilität für Sie besitzt.

Sie können nichts Konkretes sagen?

In diesem Fall sollten Sie nach Schuhen suchen, die neutral sind oder deren Dämpfungs- und Stützeigenschaften sich im mittleren Bereich bewegen.

2. Laufen und gehen Sie auf einem Bürgersteig, um die Schuhe zu vergleichen. Wenn Sie einen instabilen Fuß haben, müssen Sie sicherstellen, dass Sie die benötigte Stützung bekommen.
3. Sie benötigen einen Schuh, der sich an Ihrem Fuß natürlich anfühlt – keinen Druck ausübt und keine Behinderung darstellt – und der dem Fuß das Durchlaufen des für das Laufen nötigen, vollen Bewegungsumfangs ermöglicht.
4. Nehmen Sie sich für Ihre Entscheidung so viel Zeit wie nötig.
5. Wenn man Sie in dem Laufladen nicht in den Schuhen laufen lässt, sollten Sie zu einem anderen Laden gehen.

Richten Sie sich danach, ob der Schuh wirklich passt

Die meisten Läufer tragen Laufschuhe, die etwa zwei Nummern größer sind als ihre Straßenschuhe. Ich trage z. B. normalerweise Schuhe in Größe 10, trage aber Laufschuhe in Größe 12. Ihr Ziel muss darin bestehen, die für Sie geeignete Größe zu finden – ganz egal, was auf dem Schuhkarton steht.

Extraraum für Ihre Zehen

Da Ihre Füße tagsüber anschwellen, ist es am besten, wenn Sie neue Schuhe nachmittags anprobieren. Stellen Sie sich während des Anprobierens auf jeden Fall aufrecht hin, um festzustellen, wie viel zusätzlichen Platz Sie in der Zehenregion der Schuhe haben. Konzentrieren Sie sich auf Ihre Zehen und lassen Sie mindestens noch 1 cm Platz.

Die Schuhbreite

- Laufschuhe sind in der Regel etwas breiter als Straßenschuhe.
- Wenn Ihre Füße etwas schmaler als die Schuhe sind, lässt sich diese Differenz normalerweise durch die Schnürung ausgleichen.
- Die Schuhe sollten nicht zu fest geschnürt werden, denn Ihre Füße schwellen während des Laufens und Gehens an. An heißen Tagen beträgt dieser Größenzuwachs eine halbe Schuhgröße.
- Im Allgemeinen sind Laufschuhe so konstruiert, dass ein etwas „lockerer" Sitz nichts ausmacht. Wenn Sie jedoch durch das Tragen locker sitzender Schuhe Blasen bekommen, sollten Sie die Schnürung fester ziehen.
- Einige Schuhhersteller bieten Schuhe in unterschiedlichen Weiten an.

LAUFEN – DER PERFEKTE EINSTIEG

Schuhe für Frauen

Schuhe für Frauen sind etwas schmaler als Schuhe für Männer geschnitten und der Absatz ist ein wenig niedriger. Die Qualität der meisten Laufschuhmarken ist für Männer und Frauen gleich. Aber etwa 25 % der Läuferinnen haben Füße, die besser in Herrenschuhe passen. Normalerweise kommt es bei Frauen, die größere Größen tragen, zu Unsicherheiten bezüglich der zu wählenden Laufschuhe. Bessere Laufläden können Ihnen dabei helfen, eine entsprechende Auswahl zu treffen.

Der Kauf von modischen Laufschuhen

Ich erhalte jedes Jahr mehrere E-Mails, in denen mir von Verletzungen berichtet wird, die durch das Tragen falscher Schuhe verursacht wurden. Bei einigen dieser Verletzungen handelt es sich um „Modeverletzungen", das heißt, die betroffenen Läufer griffen zu einem Schuh, weil seine Farbe zur übrigen Ausstattung passte.

Denken Sie daran, dass es auf den Laufwegen keine Modepolizei gibt.

Das Einlaufen neuer Schuhe

- Tragen Sie die neuen Schuhe eine Woche lang jeden Tag für einige Minuten im Haus. Wenn Sie zunächst auf einem Teppich herumgehen, können Sie, falls die Schuhe nicht passen sollten, diese im Geschäft umtauschen. Wenn die Schuhe jedoch schon leichte Abnutzungserscheinungen aufweisen und leicht verschmutzt sind, nehmen die wenigsten Läden sie wieder zurück.

- In den meisten Fällen werden Sie erleben, dass die Schuhe bequem genug sind, um direkt darin zu laufen. Es ist dennoch besser, zunächst noch weiter in den Schuhen zu gehen, sodass die Füße sich allmählich an das Gewölbe, den Absatz, das Knöchelpolster gewöhnen können und dass es noch zu weiteren Anpassungen kommt. Wenn Sie in neuen Schuhe zu früh laufen, kann es zu Blasen kommen.

- Wenn es während des Gehens zu keinen Reibungsstellen kommt, können Sie immer länger in den Schuhen gehen, d. h. etwa 2-4 Tage hintereinander.

- Wenn Sie das erste Mal laufen, legen Sie etwa 800 m in den Schuhen zurück. Dann sollten Sie Ihre alten Schuhe anziehen und darin weiterlaufen.

- Bei jedem weiteren Lauf sollten Sie die laufend zurückgelegte Strecke etwas verlängern. Nach 3-4 derartigen Läufen sind die Schuhe normalerweise eingelaufen.

Wann sollte man neue Schuhe kaufen?

1. Wenn Sie einen Schuh 3-4 Wochen lang beschwerdefrei getragen haben, sollten Sie sich dasselbe Modell in derselben Größe noch einmal kaufen. Der Grund hierfür ist, dass Schuhhersteller häufig, d. h. alle 6-8 Monate, erhebliche Änderungen ihrer Modelle vornehmen oder ihre Herstellung ganz einstellen (das betrifft auch erfolgreiche Modelle).

2. Gehen Sie mit den neuen Schuhen einige Tage lang im Haus herum.

3. Wenn Sie das Gefühl haben, dass die Schuhe eingelaufen sind, laufen Sie bei einem Ihrer wöchentlichen Läufe den ersten Kilometer in den neuen Schuhen, dann ziehen Sie die bereits eingelaufenen Schuhe an.

4. Laufen Sie an den „Schuheinlauftagen" immer etwas länger in den neuen Schuhen. Fahren Sie damit an nur einem Tag in der Woche fort.

5. Einige Wochen später werden Sie feststellen, dass die neuen Schuhe mehr Dämpfung aufweisen als die alten.

6. Wenn die alten Schuhe nicht mehr die Stütze bieten, die Sie benötigen, sollten Sie auf das neue Paar überwechseln.

7. Beginnen Sie mit dem Einlaufen eines dritten Paares.

5 Erfolgreiches Lauftraining

„Sobald Sie 3 x in der Woche laufen und Spaß dabei haben, sind Sie ein erfolgreicher Läufer."

Sie haben große Kontrolle über den Teil Ihres Lebens, der um das Training kreist, wenn Sie sich entscheiden, die Sache bewusst anzugehen. Die Art und Weise, wie Sie Ihre Läufe planen, Ihre Erfolgserlebnisse und Ihre Herausforderungen, haben erheblichen Einfluss auf Ihre Motivation und die Anzahl der Läufe, die Sie pro Woche absolvieren. Sie können aber auch kontrollieren, wie gut Sie sich während jeder Lauf- oder Walking-Einheit fühlen und wie schnell Sie sich erholen.

Sie sollten beim Laufen keine Schmerzen empfinden. Das heißt allerdings, dass Sie langsam genug laufen und dass Sie ausreichende Gehpausen einlegen. All dies wird später in diesem Buch erklärt, aber das Laufen kann Ihnen Spaß bereiten – und das jeden Tag, vorausgesetzt, Sie trainieren moderat und vergeuden Ihre gesamte Energie nicht zu früh.

Mein erster Ratschlag zur Motivationssteigerung lautet, dass Sie sich ein Trainingstagebuch anschaffen, Ihr Lauftraining planen und sich die drei Tage pro Woche notieren, an denen Sie laufen wollen, jede Woche, 2-3 Wochen im Voraus. Achten Sie darauf, dass Sie eine Zeit wählen, zu der die Temperatur für Sie o. k. ist, und während der Sie nicht unter Zeitdruck stehen. Legen Sie sich fest! Ihre Verpflichtung, 3 x pro Woche zu laufen, verstärkt sich erheblich dadurch, dass Sie es niederschreiben. Den letzten Motivationsschub erhalten Sie, wenn Sie an den festgelegten Tagen tatsächlich laufen und walken. Wenn Sie abwarten, bis Ihr Gefühl Sie zum Laufen bewegt, können Sie Ihren Trainingsplan nicht erfüllen und das Trainingstagebuch weist große Lücken auf. Sie müssen auch die Kontrolle über die kleinen Dinge übernehmen, die Ihren Plan füllen – wie z. B., dass Sie einige Minuten pro Woche dafür verwenden, Ihre wöchentlichen Läufe zu planen und sich danach zu belohnen.

- Regelmäßigkeit ist wichtig für den Körper und den Geist. Wenn Sie zwischen den Läufen drei trainingsfreie Tage haben, beginnen Sie, Ihre Laufkondition und die bereits erreichten körperlichen Anpassungen zu verlieren.

- Jeden zweiten Tag zu laufen, ist besser als 2-3 Tage hintereinander. Die Laufmuskeln werden sich schneller erholen und Sie werden feststellen, dass Sie an die frische Luft wollen. Es ist auch wahrscheinlicher, dass Sie Ihren nächsten Lauf psychisch eher benötigen, wenn Sie nur jeden zweiten Tag laufen.

- Sie brauchen kein spezielles Lauftagebuch. Ein gewöhnliches Notizbuch oder ein Kalender reichen zur Kontrolle Ihres Erfolgs völlig aus. Planen Sie Ihre Lauftermine, als ob es sich um Termine mit Ihrem wichtigsten Geschäftskunden – oder mit Ihrem Chef – handeln würde, und stellen Sie sicher, dass Sie auch bei jedem Termin erscheinen.

Erstes Ziel:
Genießen Sie Ihre ersten drei Laufwochen

Ein hoher Prozentsatz derjenigen, die den unten stehenden Plan drei Wochen lang befolgen, machen auch sechs Monate weiter. Schreiben Sie also Ihren Plan auf oder befolgen Sie den unten stehenden, erfolgreichen Plan für die nächsten 21 Tage.

Halten Sie sich daran. Nachdem ich seit nunmehr einem halben Jahrhundert laufe, kann ich Ihnen sagen, dass die ersten drei Wochen darüber entscheiden, ob Sie das Laufen in Ihr Leben integrieren.

Regeln für jeden Lauftag

1. Laufen Sie zu einer Tageszeit, wenn das Wetter angenehm ist.
2. Wenn das Wetter nicht mitspielt, absolvieren Sie eine Alternativtrainingseinheit drinnen: Laufband, Hallenbahn, Hallenraum, in dem Laufen erlaubt ist, usw.
3. Sie sollten beim Laufen nicht außer Atem geraten. Laufen Sie 10-15 Sekunden in einem langsamen Tempo und gehen Sie dann für 1-2 Minuten.
4. So oft es Ihnen möglich ist, sollten Sie sich zum Laufen eine landschaftlich reizvolle Gegend aussuchen.
5. Belohnen Sie sich nach dem Lauf: mit einem Eis, einem zusätzlichen Imbiss, mit neuen Laufschuhen oder neuer Laufbekleidung.

Nach sechs Monaten Lauftraining sind Sie süchtig!

Diejenigen, die bereits ein halbes Jahr lang laufen, haben das Laufen weit gehend in ihr Leben integriert – und ein sehr hoher Prozentsatz von ihnen läuft ein Leben lang. In diesem Buch finden Sie einen Plan, der sechs Monate reicht. Sie können diesen Plan nach Belieben unterteilen, wie Sie wollen. Einige Läufer konzentrieren sich auf eine Woche, andere auf einen Monat, wieder andere auf 3-6 Monate. Tun Sie, was für Sie motivierend ist.

Ein besonderer Lauf jede Woche ... und jeden Monat

Es hilft den meisten Anfängern, wenn sie jede Woche einen speziellen Lauf planen – in einer besonders schönen Gegend oder mit einem motivierenden Partner oder in einer Gruppe. Jeden Monat sollten Sie 1 x an einem lokalen Volkslauf teilnehmen. Glauben Sie nicht, dass derartige Wettbewerbe nur etwas für fortgeschrittene Wettkampfläufer sind. Die meisten Läufer nehmen an derartigen Wettbewerben teil, weil Ihnen das Erlebnis Spaß macht und weil Sie das Wettkampf-T-Shirt tragen wollen. Lesen Sie auf jeden Fall das Kapitel zu Ihrem ersten Wettkampf (s. Kap. 20).

Diejenigen, die 20 Jahre oder länger laufen, haben in der Regel folgende Gemeinsamkeiten:

1. Sie genießen die meisten Kilometer fast aller Läufe.
2. Sie legen besondere, lauffreie Ruhetage ein, um sich von Beschwerden, Schmerzen und Burn-out-Symptomen zu erholen.
3. Der Spaß am Laufen ist ihnen wichtiger als Ziele (und Trainingspläne).

6 Ihre erste Woche – Trainingsbeginn

„Die wichtigste Woche ist Ihre erste Woche – es sind nur drei Läufe nötig, um zu beginnen!"

Es ist an der Zeit, endlich anzufangen. Im Folgenden finden Sie eine überblickartige Liste von Instruktionen für Ihren ersten Lauf, die Ihnen den Laufanfang erleichtern sollen.

Ein Koffeinschub?

Um Ihr Zentralnervensystem auf die Belastung vorzubereiten, trinken viele Läufer etwa eine Stunde vor dem Laufen eine Tasse Kaffee, Tee oder ein Diätgetränk. Wenn Ihr Blutzuckerspiegel aus irgendeinem Grund niedrig sein sollte (vor allem nachmittags), essen Sie einen halben Energieriegel oder trinken Sie 25-30 Minuten vor dem Start des Laufs ein 100-200 Kalorien enthaltendes Sportgetränk – vor allem eines, das einen Eiweißgehalt von etwa 20 % hat. Wenn Koffein Ihnen Probleme bereitet, sollten Sie darauf verzichten.

Ihr Laufschritt

Laufen Sie mit einem eher schlurfenden Schritt: Die Füße bewegen sich dicht am Boden, die Bodenberührung ist leicht. Heben Sie Ihre Knie nicht an. Allgemein gilt, dass Sie es sich leicht machen sollten. Weitere Tipps zum leichten Laufen finden Sie im Abschnitt zur Lauftechnik in diesem Buch (s. Kap. 18).

Der erste Lauf

1. Ziehen Sie sich ein Paar bequeme Walking-Schuhe an (oder Laufschuhe, wenn Sie welche besitzen).
2. Ziehen Sie leichte, bequeme Kleidung an – siehe das „Bekleidungsthermometer" in diesem Buch (s. S. 206 f.).
3. Gehen Sie drei Minuten in langsamem Tempo, um Ihre Muskeln allmählich aufzuwärmen.
4. Gehen Sie weitere zwei Minuten langsam oder steigern Sie das Tempo auf ein normales Gehtempo, wenn Sie wollen.
5. Dann wechseln Sie 5-10 Sekunden Laufen mit 1-2 Minuten bequemem Gehen ab.
6. Halten Sie dies 5-10 Minuten lang bei – nicht länger.
7. Gehen Sie 5-10 Minuten langsam, um sich abzuwärmen.

ANMERKUNG: Die Bekleidung muss nicht extra für das Training bestimmt sein – sie muss nur bequem sein.

LAUFEN – DER PERFEKTE EINSTIEG

Aufwärmen

Indem Sie drei Minuten sehr langsam und dann zwei Minuten in einem bequemen, aber leicht erhöhten Tempo gehen, wärmen Sie Ihre Sehnen und Bänder, ohne sie zu überlasten, über den notwendigen Bewegungsumfang auf. Gleichzeitig pumpen Sie Blut in Ihre Muskeln, indem Sie Ihr Herz, Ihre Lunge und Ihr Kreislaufsystem auf die leichte Anstrengung vorbereiten. Ihr Nervensystem arbeitet besser, wenn Sie sich mindestens fünf Minuten leicht bewegen, um sich aufzuwärmen. Wenn Sie länger langsam gehen müssen, gehen Sie so lange, bis Sie sich aufgewärmt fühlen.

Kein Stretching?

Das ist richtig. Ich sehe keinen Anlass, vor einem Lauf zu stretchen, es sei denn, Sie haben ein außergewöhnliches Problem, bei dem Stretchen sich als hilfreich erwiesen hat. Die Iliotibialbandverletzung ist ein derartiges Problem. Ich habe durch jahrelange Arbeit mit mehr als 150.000 Läufern festgestellt, dass Stretching zu vielen Verletzungen führt und keine Vorteile bringt.

Atmen – nicht keuchen

Belasten Sie sich nicht so stark, dass Sie außer Atem geraten. Sie sollten während des Walkens und Laufens in der Lage sein, sich zu unterhalten oder zu singen. Man nennt dies den „Unterhaltungstest".

Abwärmen

Walken Sie langsam 5-10 Minuten. Es ist wichtig, dass Sie nach jedem Lauf weitergehen. Gehen Sie nach einem anstrengenden Lauf nie direkt unter die Dusche und bleiben Sie nach einer Belastung auch nicht einfach stehen. Dies belastet Ihren Kreislauf zu stark.

Der Tag danach

Walken Sie am nächsten Tag nach Ihrem ersten Lauf einfach locker für 10-15 Minuten.

Der zweite Lauf

Zwei Tage nach Ihrem ersten Lauf folgt die nächste Trainingseinheit. Sofern Sie sich von Ihrem ersten Lauf schnell erholt haben, absolvieren Sie die gleiche Routine wie beim ersten Mal, aber dehnen Sie den Lauf-Walking-Abschnitt auf 3-5 Minuten aus. Wenn Sie sich noch nicht völlig erholt haben, sollten Sie mehr walken und weniger laufen. Mit anderen Worten, dehnen Sie Ihr Aufwärmen auf acht Minuten Gehen aus. Laufen Sie dann 3-5 Sekunden und walken Sie langsam zwei Minuten lang.

Abwechslung

Machen Sie weiter, indem Sie an einem Tag laufen und walken und am jeweils folgenden Tag nur walken. Die Zeit, die Sie an den reinen Walking-Tagen gehen, können Sie jeden Tag um fünf Minuten verlängern. Sofern sich Ihre Beine und Ihr Körper immer erholen, können Sie den Lauf-Walking-Abschnitt kontinuierlich um zusätzliche 3-5 Minuten verlängern, bis Sie insgesamt auf 30 Minuten kommen. Schauen Sie sich den Plan im Anschluss an dieses Kapitel an.

Regelmäßigkeit

... ist während der ersten acht Wochen ausgesprochen wichtig. Wenn Sie jeden zweiten Tag laufen, auch wenn es nur wenig ist, nimmt Ihr Körper Anpassungen vor und beginnt, sich auf diese Erfahrung zu freuen. Wenn Sie zwischen den Läufen drei Tage verstreichen lassen, bilden sich die Anpassungen zurück und Ihr Körper wird sich am Anfang jedes Laufs beklagen. Sich das Laufen zur Gewohnheit zu machen, ist die hilfreichste Methode, um drei Wochen zu überstehen.

Wegfall einiger Walking-Einheiten

Wenn Sie wirklich einige Ihrer Trainingstage ausfallen lassen müssen, sollten dies die Walking-Tage sein. Versuchen Sie auf jeden Fall, die Lauftermine einzuhalten.

Verwöhnen Sie sich!

Nachdem Sie Ihre erste Woche mit drei Einheiten absolviert haben, sollten Sie sich mit einem Laufausrüstungsgegenstand, einem Essen oder einer Reise zu einer besonders schönen Lauf-Walking-Strecke belohnen. Denken Sie daran, dass ein solches Verhalten eine sehr große Wirkung haben kann.

Herzlichen Glückwunsch!
Sie sind auf dem richtigen Weg ... laufend!

7 Ihr Drei-Wochen-Plan

„Wenn Sie in Ihrem Leben an den Punkt kommen, an dem es Ihnen gelingt, Ihren Zeitplan so anzupassen, dass Sie laufen können, dann haben Sie es geschafft!"

Wenn Sie die nächsten drei Laufwochen durchhalten können – das sind nur neun Lauftage –, dann beträgt Ihre Chance, dass Sie die nächsten sechs Monate mit dem Lauftraining weitermachen, meiner Erfahrung nach 80 %. Die Mitglieder des „Sechs-Monate-Klubs" laufen wahrscheinlich ihr ganzes Leben lang. Im Folgenden finden Sie einige Tipps für dieses 21 Tage umfassende Programm:

- Finden Sie einen Zeitpunkt in Ihrem Terminkalender, an dem Sie sehr wahrscheinlich Zeit zum Walken und Laufen haben. Für die meisten Menschen bedeutet das, dass sie 40 Minuten früher aufstehen. Gehen Sie also am Abend vorher 40 Minuten eher ins Bett. Aber selbst, wenn Sie das nicht tun, können Sie auch mit den 40 Minuten weniger Schlaf gut leben. Die überwältigende Reaktion, die ich von Läufern bekam, mit denen ich gearbeitet habe und die der Meinung waren, sie könnten ohne diese 40 Minuten nicht auskommen, ist, dass sie in Wirklichkeit keinerlei Probleme damit hatten. Die Vitalität, die Ihnen der Lauf gibt, reichert Sie mit Energie für den Rest des Tages an.
- Versuchen Sie, die Unterstützung Ihres Ehepartners, wichtiger Bezugspersonen, von Freunden, Kollegen usw. zu erhalten. Versprechen Sie, dass Sie, wenn Sie die drei Laufwochen erfolgreich hinter sich bringen, eine Party oder ein Picknick oder ein ähnliches Fest für sie veranstalten. Suchen Sie sich unterstützungswillige Personen, die Ihnen E-Mails schicken, die Sie während und nach dem Training und bei der von Ihnen veranstalteten Feier unterstützen.
- Suchen Sie sich 1-3 Freunde, die Sie, wenn Sie sich in einem Motivationstief befinden, anrufen können. Alleine die Stimme am Telefon kann ausreichen, um Sie zum Training zu bewegen. Natürlich ist es immer besser, wenn Sie einen laufbegeisterten Menschen bitten, diese Rolle zu übernehmen.

- Es ist auch am besten, wenn Sie eine Zeitphase für das Laufen reservieren, während der Sie normalerweise nichts anderes tun. Normalerweise ist dies die Mittagszeit oder die Phase nach der Arbeit.
- Laufen Sie während des regen Pendlerverkehrs: Einige kommen sehr früh zur Arbeit, andere laufen direkt nach der Arbeit.
- Wenn erforderlich, können Sie Ihren Lauf in mehrere Abschnitte unterteilen.
- Die Walking-Tage – dienstags, donnerstags und sonntags – dienen zwar Ihrer Fettverbrennung und der Verbesserung Ihrer allgemeinen Kondition, spielen aber für die Verbesserung Ihrer Laufleistung keine Rolle. Wenn Sie diese 20-30 Minuten für Ihre Familie, soziale Aktivitäten oder Ihre Arbeit benötigen, sollten Sie sie dafür verwenden. Noch besser ist es, wenn Sie Ihre familiären oder sozialen Aktivitäten mit dem Walken verbinden und in Gesellschaft walken. Es gibt viele gut konstruierte Kinderwagen, die man leicht schieben kann. Sie können auch dafür sorgen, dass Freunde Sie auf dem Fahrrad begleiten usw.

Die Steigerung der Lauflänge

Nach der zweiten Woche können Sie die Länge der Laufabschnitte auf 10-15 Sekunden steigern, wenn Sie sich gut dabei fühlen. Wenn nicht, bleiben Sie bei 5-10 Sekunden. Ich habe eine allmähliche Verlängerung der Laufabschnitte vorgesehen, wenn Sie jedoch noch nicht dazu bereit sind, sollten Sie die Laufabschnitte kürzer halten.

Sie werden das schaffen! Konzentrieren Sie sich nur auf jeden Tag und nehmen Sie die kleinen Anpassungen vor, die Sie vornehmen müssen. Während Sie Ihre Läufe absolvieren, können Sie Ihre Drei-Wochen-Erfolgsparty planen. Wenn Sie die richtigen Leute aussuchen, kann es durchaus passieren, dass es Ihnen gelingt, einige anzuspornen, ebenfalls mit dem Laufen zu beginnen!

Denken Sie daran – Sie dürfen nicht außer Atem geraten!

LAUFEN – DER PERFEKTE EINSTIEG

WOCHE 2

Aufgabe: Sie fahren mit der Steigerung der Laufdistanz fort. Am Samstag sollten Sie sich eine landschaftlich reizvolle Laufstrecke aussuchen.

Mo.	Di.	Mi.	Do.	Fr.	Sa.	So.
15-18 min Laufen-Walking	10-15 min Walking	17-19 min Laufen-Walking	13-18 min Walking	Ruhetag	18-20 min Laufen-Walking	15 min Walking

WOCHE 3

Aufgabe: Sie machen jetzt wirklich Fortschritte – Sie erreichen immerhin fast die Halbstundenmarke! Am Samstag sollten Sie einige Freunde bitten, das Auf- und Abwärmen mit Ihnen zusammen zu absolvieren – und danach sollten Sie ein Picknick veranstalten. Sie haben drei Wochen geschafft. Machen Sie weiter, Ihnen steht eine leichte Woche bevor.

Mo.	Di.	Mi.	Do.	Fr.	Sa.	So.
20-22 min Laufen-Walking	23-28 min Walking	22-24 min Laufen-Walking	26-30 min Walking	Ruhetag	24-26 min Laufen-Walking	30 min Walking

WOCHE 4

Aufgabe: Ruhen Sie sich ein bisschen aus. Dies ist eine leichtere Woche, um sicherzustellen, dass Ihr Körper sich erholt. Sie haben das verdient. Es ist Zeit für Ihre Drei-Wochen-Party. Suchen Sie sich den Tag und den Ort aus und feiern Sie.

Mo.	Di.	Mi.	Do.	Fr.	Sa.	So.
20-22 min Laufen-Walking	20-22 min Walking	20 min Laufen-Walking	25 min Walking	Ruhetag	22 min Laufen-Walking	20 min Laufen-Walking

8 Ihre nächsten 21 Wochen

„Sie haben den härtesten Teil des Programms geschafft,
Sie brauchen jetzt nur am Ball zu bleiben."

Da Sie mittlerweile so viel in Ihr Weiterkommen und in die Änderung Ihres Lebensstils investiert haben, ist es an der Zeit, dass Sie Ihre Läufe mehr genießen, während Sie sich gleichzeitig auf Ihr Sechs-Monats-Ziel konzentrieren. Suchen Sie sich ruhig jede Woche eine andere Spaßaktivität aus: eine unterschiedliche Strecke, einen anderen Laufbegleiter usw.

Wählen Sie Ihr Programm!

Unten finden Sie drei Programme, je nachdem, wie schnell Sie voranschreiten wollen. Am Ende des Kapitels finden Sie ein Fortsetzungsprogramm für den Rest des Jahres.

- Das Goldprogramm eignet sich für diejenigen, die den Plan bis jetzt befolgt haben und sich stark fühlen.
- Das Silberprogramm ist für diejenigen, die langsamer voranschreiten wollen und/oder unter Beschwerden und Schmerzen leiden.
- Das Fettverbrennungsprogramm sieht mehr Trainingszeit vor. Alle Walking- und Laufeinheiten sollten sehr langsam absolviert werden.

Jede Woche schlage ich eine leichte Steigerung des Laufumfangs vor. Wenn Sie sich bei dem vorgeschlagenen Laufumfang nicht wohl fühlen, dann sollten Sie ihn so weit reduzieren, bis Sie sich gut fühlen.

Nach den ersten paar Wochen werden wir jede Woche eine Schrittfrequenzübung einbauen. Sie können diese Übung auf jeden beliebigen Tag legen, wichtig ist nur, dass Sie die Übung überhaupt absolvieren. Mehr als jede andere Aktivität verbessern Schrittfrequenzübungen Ihre Laufökonomie und die Leichtigkeit, mit der Sie laufen, während Sie gleichzeitig ganz nebenbei lernen, schneller zu laufen. Es handelt sich um keine Einheit, die „weh-"tut. Im Gegenteil, die meisten Läufer sagen, dass die Schrittfrequenzsegmente den Lauf mental und körperlich auflockern.

Schrittfrequenzübung [mittwochs, gekennzeichnet durch *CD (= „cadence drill")]

1. Wärmen Sie sich auf wie immer.
2. Beginnen Sie nach ca. 5-10 Minuten Ihren Drill.
3. Nehmen Sie 20 Sekunden die Zeit und zählen Sie, wie oft Ihr linker Fuß den Boden berührt. Wenn Sie sich bei 10-15 Sekunden besser fühlen, zählen Sie nur die Schritte in einem solchen Zeitsegment.
4. Gehen Sie 1-2 Minuten und wiederholen Sie die Übung, wobei Sie versuchen, die Zahl um 1-2 zu steigern.
5. Wiederholen Sie das Ganze 2-6 x und versuchen Sie jedes Mal, um 1-2 Schritte zu steigern.
6. Sie konzentrieren sich darauf, die Schrittzahl zu erhöhen. Versuchen Sie nicht, schneller zu laufen, aber eine leichte Temposteigerung könnte das natürliche Ergebnis sein.
7. Nach der Schrittfrequenzübung sollten Sie nur noch die restliche Zeit trainieren, die Sie für den betreffenden Tag geplant haben.
8. Was auch immer Sie für ein Zeitsegment gewählt haben (10, 15 oder 20 Sekunden), bleiben Sie dabei.

Goldprogramm

für diejenigen, die den Plan bis jetzt befolgt haben und sich stark fühlen

Mo.	Di.	Mi.	Do.	Fr.	Sa.	So.
Woche 5 – 15-20 Sekunden Laufen/1-2 Minuten Walking						
24-26 min Laufen-Walking	30 min Walking	24-26 min Laufen-Walking	30 min Walking	Ruhetag	26-28 min Laufen-Walking	30 min Walking
Woche 6 – 15-25 Sekunden Laufen/1-2 Minuten Walking						
26-28 min Laufen-Walking	30 min Walking	26-28 min Laufen-Walking	30 min Walking	Ruhetag	28-30 min Laufen-Walking	30 min Walking
Woche 7 – 20-30 Sekunden Laufen/1-2 Minuten Walking						
23 min Laufen-Walking	25 min Walking	23 min Laufen-Walking	25 min Walking	Ruhetag	25 min Laufen-Walking	25 min Walking
Woche 8 – 20-30 Sekunden Laufen/1-2 Minuten Walking						
30 min Laufen-Walking	30 min Walking	30 min Laufen-Walking	30 min Walking	Ruhetag	33 min Laufen-Walking	30 min Walking
Woche 9 – 25-35 Sekunden Laufen/1-2 Minuten Walking						
30 min Laufen-Walking	30 min Walking	33 min Laufen-Walking	30 min Walking	Ruhetag	36 min Laufen-Walking	30 min Walking
Woche 10 – 25-35 Sekunden Laufen/1-2 Minuten Walking						
23 min Laufen-Walking	25 min Walking	23 min Laufen-Walking	30 min Walking	Ruhetag	30 min Laufen-Walking	25 min Walking
Woche 11 – 30-35 Sekunden Laufen/1-2 Minuten Walking						
30 min Laufen-Walking	30 min Walking	30 min*CD Laufen-Walking	30 min Walking	Ruhetag	39 min Laufen-Walking	30 min Walking
Woche 12 – 30-35 Sekunden Laufen/1-2 Minuten Walking						
30 min Laufen-Walking	30 min Walking	30 min*CD Laufen-Walking	30 min Walking	Ruhetag	42 min Laufen-Walking	30 min Walking
Woche 13 – 30 Sekunden Laufen/45-90 Sekunden Walking						
25 min Laufen-Walking	30 min Walking	25 min*CD Laufen-Walking	30 min Walking	Ruhetag	35 min Laufen-Walking	25 min Walking
Woche 14 – 30 Sekunden Laufen/45-90 Sekunden Walking						
30 min Laufen-Walking	30 min Walking	30 min*CD Laufen-Walking	30 min Walking	Ruhetag	45 min Laufen-Walking	30 min Walking

Woche 15 – 30 Sekunden Laufen/40-90 Sekunden Walking

30 min Laufen-Walking	30 min Walking	30 min*CD Laufen-Walking	30 min Walking	Ruhe-tag	48 min Laufen-Walking	30 min Walking

Woche 16 – 30 Sekunden Laufen/40-90 Sekunden Walking

25 min Laufen-Walking	30 min Walking	25 min*CD Laufen-Walking	30 min Walking	Ruhe-tag	38 min Laufen-Walking	25 min Walking

Woche 17 – 30 Sekunden Laufen/35-90 Sekunden Walking

30 min Laufen-Walking	30 min Walking	30 min *CD Laufen-Walking	30 min Walking	Ruhe-tag	51 min Laufen-Walking	30 min Walking

Woche 18 – 30 Sekunden Laufen/35-90 Sekunden Walking

30 min Laufen-Walking	30 min Walking	30 min*CD Laufen-Walking	30 min Walking	Ruhe-tag	54 min Laufen-Walking	30 min Walking

Woche 19 – 30 Sekunden Laufen/30-90 Sekunden Walking

25 min Laufen-Walking	30 min Walking	25 min*CD Laufen-Walking	30 min Walking	Ruhe-tag	41 min Laufen-Walking	25 min Walking

Woche 20 – 30 Sekunden Laufen/30-90 Sekunden Walking

30 min Laufen-Walking	30 min Walking	30 min*CD Laufen-Walking	30 min Walking	Ruhe-tag	57 min Laufen-Walking	30 min Walking

Woche 21 – 30 Sekunden Laufen/30-90 Sekunden Walking

30 min Laufen-Walking	30 min Walking	30 min*CD Laufen-Walking	30 min Walking	Ruhe-tag	60 min Laufen-Walking	30 min Walking

Woche 22 – 30 Sekunden Laufen/30-90 Sekunden Walking

25 min Laufen-Walking	30 min Walking	25 min*CD Laufen-Walking	30 min Walking	Ruhe-tag	44 min Laufen-Walking	25 min Walking

Woche 23 – 30 Sekunden Laufen/30-90 Sekunden Walking

30 min Laufen-Walking	30 min Walking	30 min*CD Laufen-Walking	30 min Walking	Ruhe-tag	60 min Laufen-Walking	30 min Walking

Woche 24 – 30 Sekunden Laufen/30-90 Sekunden Walking

30 min Laufen-Walking	30 min Walking	30 min*CD Laufen-Walking	30 min Walking	Ruhe-tag	60 min Laufen-Walking	30 min Walking

Woche 25 – 30 Sekunden Laufen/30-90 Sekunden Walking

25 min Laufen-Walking	30 min Walking	25 min*CD Laufen-Walking	30 min Walking	Ruhe-tag	45 min Laufen-Walking	25 min Walking

Woche 26 – 30 Sekunden Laufen/30-90 Sekunden Walking

30 min Laufen-Walking	30 min Walking	30 min*CD Laufen-Walking	30 min Walking	Ruhe-tag	60 min Laufen-Walking	30 min Walking

ANMERKUNG: Machen Sie weiter, indem Sie Woche 25 und 26 abwechseln oder wählen Sie eines der Trainingsprogramme aus *Laufen mit Galloway* (2. Aufl.): 5 km, 10 km oder Halbmarathon. Sie könnten auch das „Anfänger"-Marathonprogramm aus meinem neuen *Marathonbuch* verwenden.

LAUFEN – DER PERFEKTE EINSTIEG

Silberprogramm

für diejenigen, die ein wenig langsamer trainieren wollen oder an Beschwerden und Schmerzen leiden

Mo.	Di.	Mi.	Do.	Fr.	Sa.	So.
Woche 5 – 10-14 Sekunden Laufen/1-2 Minuten Walking						
20 min Laufen-Walking	22 min Walking	20 min Laufen-Walking	22 min Walking	Ruhetag	23 min Laufen-Walking	22 min Walking
Woche 6 – 10-14 Sekunden Laufen/1-2 Minuten Walking						
22 min Laufen-Walking	23 min Walking	22 min Laufen-Walking	23 min Walking	Ruhetag	26 min Laufen-Walking	23 min Walking
Woche 7 – 10-14 Sekunden Laufen/1-2 Minuten Walking						
16 min Laufen-Walking	18 min Walking	16 min Laufen-Walking	18 min Walking	Ruhetag	20 min Laufen-Walking	20 min Walking
Woche 8 – 12-16 Sekunden Laufen/1-2 Minuten Walking						
24 min Laufen-Walking	24 min Walking	24 min Laufen-Walking	24 min Walking	Ruhetag	29 min Laufen-Walking	24 min Walking
Woche 9 – 12-16 Sekunden Laufen/1-2 Minuten Walking						
25 min Laufen-Walking	25 min Walking	25 min Laufen-Walking	25 min Walking	Ruhetag	32 min Laufen-Walking	25 min Walking
Woche 10 – 12-16 Sekunden Laufen/1-2 Minuten Walking						
20 min Laufen-Walking	20 min Walking	20 min Laufen-Walking	20 min Walking	Ruhetag	24 min Laufen-Walking	20 min Walking
Woche 11 – 14-18 Sekunden Laufen/1-2 Minuten Walking						
26 min Laufen-Walking	26 min Walking	26 min Laufen-Walking	26 min Walking	Ruhetag	34 min Laufen-Walking	26 min Walking
Woche 12 – 14-18 Sekunden Laufen/1-2 Minuten Walking						
27 min Laufen-Walking	27 min Walking	27 min Laufen-Walking	27 min Walking	Ruhetag	36 min Laufen-Walking	27 min Walking
Woche 13 – 14-18 Sekunden Laufen/1-2 Minuten Walking						
20 min Laufen-Walking	20 min Walking	20 min Laufen-Walking	20 min Walking	Ruhetag	29 min Laufen-Walking	20 min Walking
Woche 14 – 16-18 Sekunden Laufen/1-2 Minuten Walking						
28 min Laufen-Walking	28 min Walking	28 min*CD Laufen-Walking	28 min Walking	Ruhetag	38 min Laufen-Walking	28 min Walking

Woche 15 – 16-18 Sekunden Laufen/1-2 Minuten Walking						
29 min Laufen-Walking	29 min Walking	29 min*CD Laufen-Walking	29 min Walking	Ruhe-tag	40 min Laufen-Walking	29 min Walking

Woche 16 – 16-18 Sekunden Laufen/1-2 Minuten Walking						
20 min Laufen-Walking	20 min Walking	22 min*CD Laufen-Walking	20 min Walking	Ruhe-tag	31 min Laufen-Walking	20 min Walking

Woche 17 – 18-20 Sekunden Laufen/1-2 Minuten Walking						
30 min Laufen-Walking	30 min Walking	30 min*CD Laufen-Walking	30 min Walking	Ruhe-tag	42 min Laufen-Walking	30 min Walking

Woche 18 – 18-20 Sekunden Laufen/1-2 Minuten Walking						
30 min Laufen-Walking	30 min Walking	30 min*CD Laufen-Walking	30 min Walking	Ruhe-tag	44 min Laufen-Walking	30 min Walking

Woche 19 – 18-20 Sekunden Laufen/1-2 Minuten Walking						
20 min Laufen-Walking	20 min Walking	22 min*CD Laufen-Walking	20 min Walking	Ruhe-tag	33 min Laufen-Walking	20 min Walking

Woche 20 – 20-22 Sekunden Laufen/1-2 Minuten Walking						
30 min Laufen-Walking	30 min Walking	30 min*CD Laufen-Walking	30 min Walking	Ruhe-tag	46 min Laufen-Walking	30 min Walking

Woche 21 – 20-22 Sekunden Laufen/1-2 Minuten Walking						
30 min Laufen-Walking	30 min Walking	30 min*CD Laufen-Walking	30 min Walking	Ruhe-tag	48 min Laufen-Walking	30 min Walking

Woche 22 – 22-24 Sekunden Laufen/1-2 Minuten Walking						
22 min Laufen-Walking	22 min Walking	22 min*CD Laufen-Walking	22 min Walking	Ruhe-tag	35 min Laufen-Walking	22 min Walking

Woche 23 – 22-24 Sekunden Laufen/1-2 Minuten Walking						
30 min Laufen-Walking	30 mi Walking	30 min*CD Laufen-Walking	30 min Walking	Ruhe-tag	50 min Laufen-Walking	30 min Walking

Woche 24 – 22-24 Sekunden Laufen/1-2 Minuten Walking						
30 min Laufen-Walking	30 min Walking	30 min*CD Laufen-Walking	30 min Walking	Ruhe-tag	52 min Laufen-Walking	30 min Walking

Woche 25 – 22-24 Sekunden Laufen/1-2 Minuten Walking						
22 min Laufen-Walking	22 min Walking	22 min*CD Laufen-Walking	22 min Walking	Ruhe-tag	37 min Laufen-Walking	22 min Walking

Woche 26 – 24-26 Sekunden Laufen/1-2 Minuten Walking						
30 min Laufen-Walking	30 min Walking	30 min*CD Laufen-Walking	30 min Walking	Ruhe-tag	54 min Laufen-Walking	30 min Walking

ANMERKUNG: Machen Sie weiter, indem Sie Woche 25 und 26 abwechseln.

LAUFEN – DER PERFEKTE EINSTIEG

Fettverbrennungsprogramm

Die mit Walking verbrachte Zeit nimmt deutlich zu, halten Sie das Tempo also niedrig. Das Prinzip besteht darin, nicht in Atemnot zu geraten und gleichzeitig die zurückgelegte Distanz hochzuhalten.

Sie können zwei Einheiten pro Tag absolvieren, mit der Ausnahme der Samstagseinheit. An diesem Tag findet der lange Lauf statt und der sollte am Stück absolviert werden. Im Fettverbrennungskapitel finden Sie nähere Einzelheiten, wie mehr Kilometer mit leichter Belastung die Fettverbrennung fördern (s. Kap. 14 und 15).

Mo.	Di.	Mi.	Do.	Fr.	Sa.	So.
Woche 5 – 10-12 Sekunden Laufen/1-2 Minuten Walking							
30 min Laufen-Walking	35 min Walking	30 min Laufen-Walking	35 min Walking	Ruhetag	33 min Laufen-Walking	30 min Walking
Woche 6 – 10-12 Sekunden Laufen/1-2 Minuten Walking							
33 min Laufen-Walking	35 min Walking	32 min Laufen-Walking	35 min Walking	Ruhetag	36 min Laufen-Walking	33 min Walking
Woche 7 – 10-12 Sekunden Laufen/1-2 Minuten Walking							
23 min Laufen-Walking	25 min Walking	23 min Laufen-Walking	25 min Walking	Ruhetag	30 min Laufen-Walking	25 min Walking
Woche 8 –12-14 Sekunden Laufen/1-2 Minuten Walking							
33 min Laufen-Walking	38 min Walking	33 min Laufen-Walking	38 min Walking	Ruhetag	40 min Laufen-Walking	30 min Walking
Woche 9 – 12-14 Sekunden Laufen/1-2 Minuten Walking							
33 min Laufen-Walking	38 min Walking	33 min Laufen-Walking	38 min Walking	Ruhetag	43 min Laufen-Walking	30 min Walking
Woche 10 – 12-14 Sekunden Laufen/1-2 Minuten Walking							
23 min Laufen-Walking	25 min Walking	23 min Laufen-Walking	30 min Walking	Ruhetag	33 min Laufen-Walking	25 min Walking
Woche 11 –14-16 Sekunden Laufen/1-2 Minuten Walking							
35 min Laufen-Walking	40 min Walking	35 min Laufen-Walking	40 min Walking	Ruhetag	46 min Laufen-Walking	32 min Walking
Woche 12 – 14-16 Sekunden Laufen/1-2 Minuten Walking							
35 min Laufen-Walking	40 min Walking	35 min Laufen-Walking	40 min Walking	Ruhetag	49 min Laufen-Walking	32 min Walking
Woche 13 – 14-16 Sekunden Laufen/1-2 Minuten Walking							
25 min Laufen-Walking	40 mi Walking	25 min Laufen-Walking	40 min Walking	Ruhetag	36 min Laufen-Walking	25 min Walking
Woche 14 –14-18 Sekunden Laufen/1-2 Minuten Walking							
36 min Laufen-Walking	44 min Walking	36 min Laufen-Walking	44 min Walking	Ruhetag	51 min Laufen-Walking	33 min Walking

Woche 15 – 14-18 Sekunden Laufen/1-2 Minuten Walking

| 36 min Laufen-Walking | 44 min Walking | 36 min Laufen-Walking | 44 min Walking | Ruhetag | 54 min Laufen-Walking | 33 min Walking |

Woche 16 – 14-18 Sekunden Laufen/1-2 Minuten Walking

| 25 min Laufen-Walking | 35 min Walking | 25 min Laufen-Walking | 35 min Walking | Ruhetag | 39 min Laufen-Walking | 25 min Walking |

Woche 17 – 14-18 Sekunden Laufen/1-2 Minuten Walking

| 37 min Laufen-Walking | 48 min Walking | 37 min Laufen-Walking | 48 min Walking | Ruhetag | 57 min Laufen-Walking | 36 min Walking |

Woche 18 – 15-20 Sekunden Laufen/1-2 Minuten Walking

| 37 min Laufen-Walking | 48 min Walking | 37 min Laufen-Walking | 48 min Walking | Ruhetag | 60 min Laufen-Walking | 36 min Walking |

Woche 19 – 15-20 Sekunden Laufen/1-2 Minuten Walking

| 25 min Laufen-Walking | 38 min Walking | 25 min Laufen-Walking | 38 min Walking | Ruhetag | 42 min Laufen-Walking | 25 min Walking |

Woche 20 – 15-20 Sekunden Laufen/1-2 Minuten Walking

| 38 min Laufen-Walking | 52 min Walking | 38 min Laufen-Walking | 52 min Walking | Ruhetag | 60 min Laufen-Walking | 38 min Walking |

Woche 21 – 15-20 Sekunden Laufen/1-2 Minuten Walking

| 38 min Laufen-Walking | 52 min Walking | 38 min Laufen-Walking | 52 min Walking | Ruhetag | 60 min Laufen-Walking | 38 min Walking |

Woche 22 – 15-20 Sekunden Laufen/1-2 Minuten Walking

| 25 min Laufen-Walking | 40 min Walking | 25 min Laufen-Walking | 40 min Walking | Ruhetag | 45 min Laufen-Walking | 25 min Walking |

Woche 23 – 15-20 Sekunden Laufen/1-2 Minuten Walking

| 40 min Laufen-Walking | 56 min Walking | 40 min Laufen-Walking | 56 min Walking | Ruhetag | 60 min Laufen-Walking | 40 min Walking |

Woche 24 – 15-20 Sekunden Laufen/1-2 Minuten Walking

| 40 min Laufen-Walking | 56 min Walking | 40 min Laufen-Walking | 56 min Walking | Ruhetag | 60 min Laufen-Walking | 40 min Walking |

Woche 25 – 15-20 Sekunden Laufen/1-2 Minuten Walking

| 25 min Laufen-Walking | 42 min Walking | 25 min Laufen-Walking | 42 min Walking | Ruhetag | 45 min Laufen-Walking | 25 min Walking |

Woche 26 – 15-20 Sekunden Laufen/1-2 Minuten Walking

| 40 min Laufen-Walking | 60 min Walking | 40 min Laufen-Walking | 60 min Walking | Ruhetag | 60 min Laufen-Walking | 40 min Walking |

9 Die Lauf-Walking-Methode nach Galloway

„Der geplante Einsatz von Gehpausen bewirkt, dass jeder Läufer seine Ermüdung kontrollieren kann und Spaß am Laufen hat."

Es existiert keine Definition des „Läufers", der Sie gerecht werden müssen. Es gibt auch keine Regeln, die Sie beim Absolvieren Ihrer täglichen Läufe befolgen müssen. Sie sind Ihr eigener Chef und Sie bestimmen, wie weit, schnell und wie viele Kilometer Sie laufen, gehen usw. Laufen ist in Wirklichkeit immer schon eine Art „Freistilübung" gewesen, bei der jeder Einzelne die vielen Elemente des Laufens nach Belieben mischen und miteinander verbinden und die Lauferfahrungen machen kann, die er auswählt. Gehen ist die wichtigste Komponente für den Laufanfänger und kann selbst dem Senior die Chance geben, seine Zeit zu verbessern. Im Folgenden wird erklärt, wie es funktioniert.

Gehen Sie, bevor Sie müde werden

Die meisten von uns, auch wenn sie untrainiert sind, können mehrere Kilometer gehen, bevor die Müdigkeit einsetzt, weil das Gehen eine Aktivität ist, die wir von unseren biologischen Voraussetzungen her stundenlang ausüben können. Laufen ist anstrengender, weil man seinen Körper vom Boden abheben und dann den Aufprall bei der Landung abfangen muss, immer wieder. Aus diesem Grunde führt der kontinuierliche Einsatz der Laufmuskeln viel schneller zu Müdigkeit, Beschwerden und Schmerzen. Wenn Sie Walking-Einheiten einschieben, bevor die Laufmuskeln zu ermüden beginnen, erholen sich Ihre Muskeln sofort – gleichzeitig steigern Sie Ihre Leistungsfähigkeit und reduzieren das Risiko, am nächsten Tag einen Muskelkater zu haben.

Mit der Einhaltung der Lauf-Walking-Methode verfolgen Sie eine bestimmte Strategie. Indem Sie Lauf- und Gehabschnitte miteinander abwechseln, kontrollieren Sie Ihre Ermüdung. Indem Sie diesen Ermüdungs-Erholungs-Rhythmus rechtzeitig einsetzen, schonen Sie Ihre muskulären Ressourcen und stärken Ihr mentales Selbstvertrauen, um mit den Belastungen, die später auf Sie warten, fertig zu werden. Selbst wenn Sie die zusätzliche Muskel-

> „Die Lauf-Walking-Methode ist sehr einfach: Sie laufen einen kurzen Abschnitt und legen dann eine Gehpause ein. Dieses Muster wiederholen Sie einige Male."

kraft und Widerstandsfähigkeit, die diese Methode gewährt, nicht benötigen, werden Sie sich nach Ihrem Lauf besser fühlen und den Lauf mit dem Wissen beenden, das Sie noch länger hätten laufen können.

Gehpausen erlauben es Ihnen, bereits im Vorfeld die Kontrolle über die Ermüdung zu übernehmen, sodass Sie den Lauf genießen können. Indem Sie die Gehpausen frühzeitig und häufig einlegen, fühlen Sie sich stark, selbst nach einem Lauf, der für Sie sehr lang ist. Anfänger wechseln sehr kurze Laufabschnitte mit kurzen Gehabschnitten ab. Selbst Eliteläufer werden feststellen, dass Gehpausen während langer Läufe ihnen eine schnellere Erholung ermöglichen. Es gibt keinen Grund, das Ziel eines Laufs erschöpft zu erreichen – wenn Sie an dem betreffenden Tag genügend Gehpausen einstreuen.

Gehpausen ...

- vermitteln Ihnen Kontrolle über den Grad Ihrer Ermüdung.
- beseitigen Ermüdung.
- schieben Ihre Ermüdungsschwelle hinaus.
- bewirken die Bildung von Endorphinen – Sie fühlen sich gut!
- unterteilen die Distanz in zu bewältigende Einheiten („noch eine Minute").
- beschleunigen die Erholung.
- verringern das Risiko von Beschwerden, Schmerzen und Verletzungen.
- bewirken, dass Sie sich nach dem Lauf gut fühlen – dass Sie den restlichen Tag ohne Ermüdung überstehen.
- verhelfen Ihnen zu der Gesamtausdauer, die der Distanz der betreffenden Einheit entspricht – ohne Schmerzen.
- ermöglichen es älteren Läufern, sich schneller zu erholen und sich gut oder besser zu fühlen als zu dem Zeitpunkt, als sie jünger waren.

Ein kurzer und leichter Walking-Schritt

Es ist besser, langsam, mit kurzen Schritten zu gehen. Es kann zu Schienbeinreizungen kommen, wenn Läufer oder Walker mit zu langen Schritten gehen. Entspannen Sie sich und genießen Sie das Walking.

Beibehaltung der Gehpausen

Einige Anfänger meinen, dass sie auf den Tag hinarbeiten müssen, an dem sie keine Gehpausen mehr benötigen. Das ist natürlich jedem Einzelnen freigestellt, aber nicht zu empfehlen. Denken Sie daran, dass Sie selbst über das Verhältnis von Geh- und Laufabschnitten entscheiden.

Es gibt keine Regel, die besagt, dass Sie an einem bestimmten Tag ein bestimmtes Verhältnis von Geh- und Laufabschnitten verwenden. Ich schlage vor, dass Sie das Verhältnis davon abhängig machen, wie Sie sich an dem betreffenden Tag fühlen.

Ich laufe seit 50 Jahren und auf Grund der Gehpausen genieße ich das Laufen mehr denn je. Jeder Lauf gibt mir Energie für den ganzen Tag. Ich wäre nicht in der Lage, fast jeden Tag zu laufen, wenn ich nicht früh und häufig Gehpausen einlegen würde. Ich beginne die meisten Läufe, indem ich jede Minute eine kurze Gehpause einlege.

Nach etwas mehr als drei Kilometern lege ich normalerweise alle 3-4 Minuten eine Gehpause ein. Nach acht Kilometern gehe ich alle 7-10 Minuten. Es gibt aber jedes Jahr Tage, an denen ich alle drei Minuten eine Gehpause einlege, und sogar einige Tage, an denen ich jede Minute eine Gehpause mache.

LAUFEN – DER PERFEKTE EINSTIEG

Kontrolle der Gehpausen

Es gibt einige Uhren, die so eingestellt werden können, dass es piept, wenn es Zeit ist, zu gehen und die dann wieder piepen, wenn es Zeit ist, zu laufen. Lassen Sie sich in einem guten Laufladen diesbezüglich beraten oder besuchen Sie meine Website:
www.jeffgalloway.com.

Einsatz der Gehpausen

1. Beginnen Sie, indem Sie 5-10 Sekunden laufen und 1-2 Minuten walken.
2. Wenn Sie sich während und nach den Laufabschnitten gut fühlen, sollten Sie mit diesem Verhältnis fortfahren. Wenn nicht, laufen Sie weniger, bis Sie sich gut fühlen.
3. Nach 3-6 Einheiten in diesem Verhältnis fügen Sie 5-10 Laufsekunden hinzu, wobei Sie die Länge der Gehpausen gleich halten.
4. Wenn Sie 30 Sekunden laufen können, sollten Sie die Gehdauer alle 3-6 Einheiten allmählich auf 30 Sekunden reduzieren.
5. Wenn Ihnen ein Verhältnis von 30 Sekunden/30 Sekunden zu leicht vorkommt, sollten Sie die Laufdauer alle 3-6 Einheiten allmählich um 5-10 Sekunden verlängern.
6. Wenn Sie an einem Tag längere Gehpausen benötigen, sollten Sie sie nehmen. Zögern Sie nie, die Belastung zu reduzieren, um den Lauf angenehmer und weniger ermüdend zu gestalten.

„Unser Körper verlangt nach Belastungen und belohnt uns auf vielerlei Weise, wenn wir diesem Verlangen nachkommen."

LAUFEN – DER PERFEKTE EINSTIEG

10 Aspekte des Ausdauertrainings

Positive Veränderungen durch das Lauftraining

Wenn wir regelmäßig Ausdauertraining betreiben, kommt es in unserem Körper zu vielen positiven Veränderungen. Ich glaube, dass dies daran liegt, wie unsere Urahnen unsere Körper an das Gehen und Laufen langer Distanzen angepasst haben. Wenn man dann davon ausgeht, dass unser Körper darauf angelegt ist, lange Distanzen zurückzulegen, ist es keine Überraschung, dass wir uns gut fühlen, wenn wir genau dies tun – wir kehren nur zu unseren Wurzeln zurück.

Ist unser Körper faul?

Vielleicht ist diese Formulierung eine Übertreibung. Man kann auch sagen, dass unser Körper Energie konservieren möchte, indem er die geringstmögliche Arbeit leistet. Wenn wir einer sitzenden Lebensweise nachgehen und nie trainieren, verliert das Herz langsam seine Effizienz, in den Arterien bilden sich Ablagerungen, die Lungen verlieren an Funktionsfähigkeit, weil sie keine Leistung erbringen müssen. Nur wenn wir unseren Körper einer leichten Belastung aussetzen, wie z. B. bei langen Dauerläufen, ist der Körper gezwungen zu reagieren, indem er sich an die Belastungen adaptiert.

Teamarbeit

Wenn sie belastet werden, sind das Herz, die Lungen, Muskeln, Sehnen, das Zentralnervensystem, das Gehirn, das Blutsystem so programmiert, dass sie als Team arbeiten. Die rechte Gehirnhälfte löst intuitiv Probleme, verwaltet die Ressourcen und führt uns zu den vielen, dauerhaften gesundheitlichen Verbesserungen, die ein Ergebnis des Laufens und Walkens sind.

Ihre Beinmuskeln leisten einen entscheidenden Beitrag, damit das Blut zurück zum Herz gepumpt wird.

Indem Sie die Länge Ihres langen Laufs allmählich ausdehnen, produzieren Sie sehr fitte Muskelzellen. Sie werden kräftiger und effizienter, sodass sie das Blut durch das System zurück zum Herz treiben und Schlackenprodukte aus dem System herausdrücken. Einige Herz-Kreislauf-Spezialisten glauben auf Grund kardiologischer Untersuchungen, dass ausdauertrainierte Beinmuskeln einen entscheidenden Beitrag leisten, um bedeutende Blutmengen zum Herz zurückzupumpen.

Warum Ausdauertraining das Herz stärkt

Ihr Herz ist ein Muskel, der positiv auf Ausdauertraining reagiert. Die leichte Erhöhung der Herzfrequenz, die während eines langsam schneller werdenden Dauerlaufs in jeder Woche aufrechterhalten wird, sorgt dafür, dass dieser wichtigste Muskel in Form bleibt. Ein starkes und gut arbeitendes Herz pumpt das Blut nicht nur während des Trainings effektiver. Herzspezialisten behaupten, dass dieses „fitte" Herz auch ganz allgemein gegenüber Herzerkrankungen widerstandsfähiger ist.

Wenn Ihre Ernährung jedoch viele Nahrungsmittel enthält, die die Arterien verstopfen, wird auch ein starkes Herz Sie gegenüber Herzerkrankungen nicht immun machen. Eine Lebensweise, die einen hohen Anteil gesättigter Fettsäuren und Transfettsäuren enthält, führt nachweislich zu einer signifikanten Erhöhung des Herzinfarkt- und Schlaganfallrisikos.

Die Lunge

Während unserer langen Läufe verlangen die Muskeln Sauerstoff und müssen damit ausreichend versorgt werden, um Fett zu verbrennen und aerob zu arbeiten. Jeder Muskel ähnelt einer Fabrik und ist aus Tausenden von Muskeln zusammengesetzt, die die Arbeit leisten. Im Gegensatz zu einigen Fabrikarbeitern handelt es sich bei diesen Muskeln jedoch um leidenschaftliche und hingebungsvolle Teammitglieder, die bereit sind, an sieben Tagen jeweils 24 Stunden zu arbeiten, um uns in Bewegung zu halten – selbst wenn wir sie immer wieder überstrapazieren. Langsames Laufen, auch in geringen Umfängen, bringt sie in Aktion, stimuliert sie, sich zu erschöpfen, und trägt dazu bei, dass sie zu einem Team zusammenschmelzen.

Endorphine beseitigen den Schmerz und sorgen dafür, dass Sie sich gut fühlen

Endorphine sind weitere wichtige Teammitglieder. Sie lindern Schmerzen und rufen positive Gefühle hervor.

Was versteht man unter Ausdauertraining?

Das Wesentliche bei der Ausdauer besteht darin, das man immer weitermachen kann – dass man eine Übung lang genug ausführt, sodass der Körper effizientere Wege finden muss, sich zu bewegen, Energie zu erzeugen, Blut zu transportieren usw. Sind die Muskeln untrainiert, reicht dazu bereits ein durch Gehpausen unterbrochener Lauf von 10 Minuten Dauer. Es ist unser Ziel, diese Schwelle nach hinten zu verschieben, indem wir zwei Einheiten zu je 30 Minuten pro Woche absolvieren, plus eine längere Einheit, die uns an unsere Ausdauergrenze oder darüber hinaus führt (länger als 30 Minuten).

Eine lange Einheit pro Woche
schiebt die Ausdauergrenze nach hinten.
+
Zwei Einheiten zu je 30 Minuten, die dazu beitragen, dass die durch die lange Belastung bewirkten Anpassungen erhalten bleiben
=
SIE, DER AUSDAUERSPORTLER

Belastung plus Regeneration = Leistungssteigerung

Wenn man ein wenig weiterläuft und -geht als im vergangenen Monat, führt diese leichte Belastung zu einem Abbau von Muskelzellen, Sehnen usw. Unser Körper ist aber so programmiert, dass er sich über das ursprüngliche Maß hinaus wieder aufbaut, wenn man sich nach der Belastung ausreichend regeneriert (normalerweise 48 Stunden), sodass der Wiederaufbau stattfinden kann.

Am Anfang steht eine leichte Belastung des Systems

Wenn man ungefähr jeden zweiten Tag trainiert, passt sich der Körper an die jeweilige Schnelligkeit und Streckenlänge an. Um die Ausdauer zu verbessern, beginnen Sie mit einer Lauf-Walking-Einheit, die etwas länger ist als die bisher absolvierten Einheiten. Wenn Sie die aktuelle Streckengrenze überschreiten, arbeiten die erschöpften Muskelfasern weiter und zwar über ihre Leistungsfähigkeit hinaus. Die Extraeinheit von 1-2 zusätzlichen Kilometern nehmen Sie möglicherweise während des längeren Laufs gar nicht wahr, aber sie führt zu Nachwirkungen am nächsten Tag: übersäuerte Muskeln, längere Zeitspanne, bis man sich beim Gehen wieder geschmeidig fühlt, und müde Muskeln.

Wenn Sie in die Zelle schauen würden, würden Sie Risse in der Muskelzellmembran sehen können. Die Mitochondrien (die die Energie innerhalb der Zelle verarbeiten) sind geschwollen. Die Glykogenvorräte (die während der ersten 15 Belastungsminuten die Energie liefern) sind deutlich reduziert. Abfallstoffe aus der Belastung und selbst Muskelgewebestücke sowie andere Nachwirkungen der harten Belastung sind nachweisbar. Manchmal kommt es zu Rissen in den Blutgefäßen und Arterien, was zu Bluteinströmungen in das Muskelgewebe führt.

Der Körper regeneriert sich wieder, stärker und besser als zuvor

Leichte Überlastungen vermitteln dem Körper, dass er sich verbessern muss. Die durch geringfügige Überschreitungen der aktuellen Leistungsfähigkeit verursachten Muskelschäden werden nicht nur repariert, sondern das gesamte System wird dazu angeregt, seine Effizienz zu verbessern, sodass zukünftig höhere Belastungen bewältigt werden können.

Wenn Sie sich gut regeneriert haben und zwei Tage später noch einmal in die Zelle schauen würden, würden Sie dickere Zellmembranen sehen, die höhere Belastungen ertragen könnten, ohne zusammenzubrechen. Die Mitochondrien haben in ihrer Größe und Zahl zugenommen, sodass sie das nächste Mal mehr Energie verarbeiten können. Die Schäden des Blutgefäßsystems wurden repariert. Schlackenstoffe wurden entfernt. Im Verlaufe mehrerer Monate, nach Anpassung an eine kontinuierliche Serie kleiner Belastungssteigerungen, kommt es zur Bildung zusätzlicher Kapillaren (kleine Verästelungen des Blutgefäßsystems), was zu einer Verbesserung und Ausweitung der Sauerstoff- und Nährstoffversorgung sowie zu einem verbesserten Abtransport von Schlackenstoffen führt.

Dies sind nur einige der vielen Anpassungen, die der menschliche Körper beim Training auf allen Ebenen vornimmt: Biomechanik, Nervensystem, Kraft, Muskeleffizienz und mehr. Psychologische Effekte folgen den körperlichen. Sie werden Teil des Prozesses der Gesundheits- und Leistungssteigerung, was zu einer positiven Lebenseinstellung führt. Psyche und Körper arbeiten zusammen. Dies sind nur einige der Gründe, warum Läufer das Leben leichter nehmen als zuvor, als sie noch keine Läufer waren.

Qualitätserholung ist entscheidend: 48 Stunden Regeneration zwischen den Trainingseinheiten

Ohne ausreichende Erholung läuft der Wiederaufbauprozess nicht so schnell und nicht so, wie er könnte. Ich meine nicht, dass man nach einer Trainingseinheit den ganzen Tag im Bett liegen bleiben sollte. Wenn Sie morgens einen harten Lauf absolviert haben, erholen Sie sich schneller, wenn Sie sich den Rest des Tages ohne große Anstrengung bewegen. Am Tag nach einem Lauf ist es normalerweise ratsam, sich leicht zu bewegen, z. B. indem man walkt. Im Kapitel zum Crosstraining (s. Kap. 25) werden weitere Trainingsalternativen vorgestellt.

Das Entscheidende beim Wiederaufbau belasteter Muskelzellen besteht darin, dass man während der 48 Stunden zwischen den Laufeinheiten Übungen vermeidet, die eine harte Belastung für die Wadenmuskulatur darstellen (Stepper, Step-Aerobic, Spinningeinheiten mit Aus-dem-Sattel-Gehen).

Wenn Sie auf Grund individueller „Schwachstellen" andere Beschwerden und Schmerzen haben, sollten Sie Belastungen vermeiden, die diese Beschwerden verschlimmern. Sofern Sie die Wadenmuskulatur nicht weiter belasten, eignen sich fast alle Alternativübungen.

Wenn Sie an den lauffreien Tagen keine Zeit für die Alternativübungen erübrigen können, müssen Sie keine Gewissensbisse zu haben. Crosstraining dient nicht der Verbesserung der Laufleistung. Warum sollte man es also überhaupt betreiben? Es hilft denjenigen, die mehr Fett verbrennen wollen. Viele Laufanfänger mögen auch das Gefühl, das sich nach dem Laufen einstellt und möchten sich jeden Tag so fühlen.

Selbst an zwei Tagen hintereinander zu laufen, führt zu deutlichen Schäden und erfordert viel mehr Regeneration als ein Plan, bei dem Sie nur jeden zweiten Tag laufen. Wenn Sie erst einmal die Crosstrainingsmethode gefunden haben, die sich für Sie am besten eignet, können Sie das gute Gefühl, das Sie nach dem Training haben, jeden Tag genießen.

Überflüssige Kilometer

Einige Anfänger fühlen sich so gut, wenn sie mit einem Laufprogramm beginnen, dass sie auch an den Tagen, an denen sie sich eigentlich ausruhen sollten, ein paar Kilometer „hineinschmuggeln". Oft belügen sie sich selbst, indem sie sagen, bei dieser kurzen Distanz handele es sich eigentlich nicht um Läufe.

Das Problem besteht darin, dass diese kurzen Läufe, die die Kondition durchaus verbessern, Ihren Muskeln nicht die Ruhe geben, die sie zur maximalen Erholung benötigen. Es handelt sich um „überflüssige Kilometer". Es ist immer besser, die Erholungsperiode von 48 Stunden zwischen den Läufen einzuhalten – es handelt sich hierbei um ein geprüftes Standard-Erholungsintervall.

Mit allmählichen Steigerungen, wie in den Trainingsprogrammen dieses Buches dargelegt, sollte Ihr Körper jeweils stärker als bei der letzten Trainingseinheit und bereit für eine neue Herausforderung sein.

Regelmäßigkeit

Um die Anpassungen aufrechtzuerhalten, müssen Sie regelmäßig alle 2-3 Tage trainieren. Wenn Sie länger warten, verlieren Sie jeden Tag einen Teil der antrainierten Fähigkeiten wieder. Wenn Sie länger als drei Tage nicht trainieren, wird es umso schwieriger, wieder anzufangen. Regelmäßiges Training ist die beste Strategie.

„Muskelgedächtnis"

Dies ist der Prozess, mittels dessen Ihr neuromuskuläres System sich an die Muster der Muskelaktivität erinnert, die Sie regelmäßig über längere Zeit ausgeübt haben. Je länger Sie regelmäßig gegangen und gelaufen sind, desto leichter wird Ihnen der Neubeginn nach einer Unterbrechung fallen. Wenn Sie z. B. während Ihres ersten Laufmonats drei Lauftage versäumen, wird es eine Woche dauern, bis Sie Ihr altes Niveau und Gefühl wieder erreicht haben. Wenn Sie jedoch regelmäßig sechs Monate gelaufen sind und drei Tage lang nicht laufen konnten, werden Sie diese Unterbrechung Ihres Lauftrainings kaum spüren.

Tipp:
Keine Zeit? Trainieren Sie nur fünf Minuten

Der Hauptgrund, warum Anfänger keine Fortschritte machen, ist, dass sie nicht regelmäßig laufen. Laufen Sie regelmäßig an drei Tagen pro Woche und wenn es nur 10 Minuten sind. Selbst fünf Minuten reichen aus, um einige der Anpassungen beizubehalten. Wenn Sie fünf Minuten trainieren, werden Sie an den meisten Tagen 10 Minuten trainieren – und das reicht aus, um die meisten Anpassungen zu konservieren.

Der Unterschied zwischen aerobem und anaerobem Training

Aerob bedeutet „in Anwesenheit von Sauerstoff". Wenn Sie aerob laufen, laufen Sie langsam genug, um sich im Rahmen Ihrer aktuellen Fähigkeiten zu bewegen, sodass Ihre Muskeln ausreichend

Sauerstoff erhalten, um die Energie in den Zellen zu verarbeiten (das bedeutet in den meisten Fällen Fettverbrennung). Die minimalen Abfallprodukte, die während des aeroben Laufens produziert werden, lassen sich leicht abtransportieren.

Anaerobes Laufen bedeutet, in einem Tempo zu laufen, das für Sie zu schnell ist oder das Sie zu lange aufrechterhalten, sodass Sie sich außerhalb Ihrer individuellen Trainingszone bewegen. Ihre Muskeln erhalten nicht genug Sauerstoff, um den effizientesten Brennstoff Fett zu verbrennen, daher greifen sie auf den gespeicherten Zucker, das Glykogen, zurück. Die dabei entstehenden Abfallstoffe sammeln sich schnell in den Zellen an, sie bewirken verhärtete Muskeln und eine erschwerte Atmung. Wenn Sie weiterhin anaerob laufen, müssen Sie Ihr Tempo deutlich verringern und schließlich die Belastung abbrechen. Anaerobes Laufen erfordert eine sehr viel längere Erholungsperiode.

Fast-Twitch-Fasern oder Slow-Twitch-Fasern

Warum sind einige Menschen im Stande, schnell zu laufen, während andere langsam, dafür aber lange laufen können? Vor einigen Jahrzehnten wurde dieses Geheimnis durch die Untersuchung der Muskelfasern gelöst: Diejenigen mit mehr schnell zuckenden (Fast-Twitch-)Fasern können über kurze Strecken eine hohe Schnelligkeit entwickeln. Diejenigen mit langsam zuckenden (Slow-Twitch-)Fasern können nicht schnell laufen, können dafür aber lange Strecken laufend und gehend zurücklegen. Da Sie entweder mit der einen oder der anderen Fasersorte geboren wurden, hat diese Fähigkeit genetische Gründe.

Fast-Twitch-Fasern sind zu explosiven, erschöpfenden Belastungen fähig, was uns in Schwierigkeiten bringen kann. Wenn diese Muskeln gut trainiert sind, ist es leichter, zu Beginn eines Laufs schneller zu laufen, als Sie eigentlich sollten – ohne dass Sie das Tempo als zu schnell empfinden.

Die meisten Personen mit Fast-Twitch-Fasern können nicht verstehen, dass sie am Ende eines Laufs total erschöpft sind, weil sie das Anfangstempo als so leicht empfunden haben. Der bevorzugte Brennstoff für schnelle Fasern ist Glykogen (gespeicherter Zucker). Es verbrennt schnell, dabei bildet sich aber eine große Menge von Abfallstoffen und Erschöpfung ist die Folge.

Die gute Neuigkeit für diejenigen mit schnell zuckenden Fasern besteht darin, dass lange Läufe dazu beitragen können, diese Fasern in langsam zuckende Fasern zu verwandeln. Wenn man die Länge seiner langen Läufe ausdehnt, werden die schnell zuckenden Muskelfasern rekrutiert und in fettverbrennende Fasern verwandelt.

Der schwierigste Teil des Langstreckentrainings für einen schnell zuckenden Muskel ist die Tempoverlangsamung direkt vom Beginn eines Laufs an. Wenn das Tempo (und das Ego) jedoch erst einmal kontrolliert ist, merken schnelle Läufer, dass sie am Ende des Laufs nicht erschöpft sind und dass sie ihre Ausdauergrenze deutlich hinausschieben können.

Langsam zuckende Fasern verbrennen Fett auf natürliche Weise und sind daher für aerobe Ausdauerbelastungen prädestiniert. Aber im Gegensatz zu schnell zuckenden Fasern können die Fettverbrenner nicht so trainiert werden, dass sie schneller feuern und damit schnelles Laufen ermöglichen. Läufer mit langsam zuckenden Muskelfasern sollten sich also nicht darauf verlassen, ein Rennen durch einen Endspurt zu gewinnen.

11 Das Trainings-tagebuch

„In den wenigen Sekunden, die Sie mit dem Schreiben Ihres Trainingstagebuchs verbringen, kontrollieren Sie den Prozess der Laufverbesserung."

Es wäre wundervoll, wenn wir nie etwas aufschreiben müssten. In dieser Zauberwelt könnten Sie sich auf Ihr Gehirn verlassen, um alles, was Sie tun, zu behalten, und Sie bräuchten es nur dauernd zu sortieren, um sich auf die nächsten Aktivitäten vorzubereiten. Dann, Augenblicke, bevor Sie etwas tun sollen, würde eine Botschaft Ihres Gehirns Sie erreichen, Ihnen genau mitteilen, was Sie tun sollen, wo Sie es tun sollen, welche Materialien Sie benötigen und wann die Aufgabe erledigt sein muss. Und während wir träumen, würde das Ganze absolut konstant getan werden, Stunde für Stunde, Tag für Tag.

Da wir weder in einer perfekten Welt leben noch ein perfektes Gehirn besitzen, ermöglicht uns ein Tagebuch, die Zukunft zu planen, unser Verhalten zu analysieren, aus Fehlern zu lernen und unseren Fortschritt, der beständig in eine Richtung weist, aufzuzeichnen. Mithilfe eines einfachen Tagebuchs, das jeder von uns führt, können wir normalerweise innerhalb nur weniger Minuten sehen, was zu tun ist, und die erforderlichen Anpassungen vornehmen. Tagebücher geben uns Kontrolle über unsere Zukunft und ermöglichen es uns gleichzeitig, aus unserer Vergangenheit zu lernen.

Ich möchte keineswegs vorschlagen, dass man alles im Vorhinein planen muss. Einige der inspirierendsten Momente und denkwürdigsten Handlungen geschehen unerwartet. In Ihrem Tagebuch können Sie diese Augenblicke festhalten und die positiven Gefühle wiederaufleben lassen. Indem Sie aber Ihr Tagebuch dazu verwenden, um im Voraus zu planen, programmieren Sie Ihr Gehirn, kontinuierlich interessante Ziele ins Visier zu nehmen, die sich ergeben, wenn Sie Ihr Training und Ihre Ziele verfeinern. Es ist nicht notwendig, ein Zeitziel festzulegen, um Nutzen aus einem Tagebuch zu ziehen. Tagebücher sind sehr nützlich, wenn es darum geht, si-

LAUFEN – DER PERFEKTE EINSTIEG

cherzustellen, dass Sie erreichbare Belastungssteigerungen planen und aufzeichnen, während Sie die belastenden Aspekte, die zu Verletzungen führen, vermeiden.

Von all den Aktivitäten, die mit dem Laufen zusammenhängen, ist das Führen Ihres Trainingstagebuchs das Element, mit dem Sie die Ausrichtung Ihres Lauftrainings kontrollieren, sodass Sie die notwendigen Korrekturen vornehmen. Es dauert alle paar Tage nur wenige Minuten, die entscheidenden Informationen aufzuzeichnen.

Wenn Sie alle Ihre Einträge im Nachhinein nachlesen, werden Sie Spaß haben und hin und wieder lachen müssen. Sie werden die interessanten Dinge, die Sie während der letzten Woche gesehen haben, wieder in Erinnerung rufen, die verrückten Gedanken, die Leute, die Sie getroffen haben, und den Spaß, den Sie gehabt haben. Dieser Prozess kann die rechte Gehirnhälfte dazu inspirieren, noch mehr Unterhaltung in Ihr Training zu integrieren, indem Sie Läufe planen, die ihre Aktivität fördern. Sie werden dazu mehr im Kapitel über Motivation (s. Kap. 24) lesen.

Trainingstagebücher wirken motivierend

Viele Laufanfänger sagen mir, dass das Eintragen der täglichen Laufleistung in das Tagebuch ihre größte Motivation darstellt – einfach, aber zufrieden stellend. Nach einigen Wochen lernen viele Läufer die positiven Effekte kennen, die erreicht werden, wenn man seine Läufe gemäß einem Plan gestaltet. Wenn erst einmal sechs Monate verstrichen sind, werden Sie die Bestätigung finden, die es bringt, wenn man mehrere Monate vorausschaut, um Rennen und das dazu notwendige Training zu planen, und sicherstellt, dass auf dem Weg dorthin Ereignisse eingebaut sind, die motivieren. Ich höre jeden Monat von mehreren Läufern, die ihr Trainingstagebuch als Tagebuch benutzen, in dem sie auch andere wichtige Aktivitäten eintragen.

Was auch immer Sie für ein Format wählen, Sie werden feststellen, dass Sie tatsächlich häufiger pro Woche laufen, wenn Sie diese wichtige Zeitphase, nämlich die Zeit für Ihren Lauf, im Trainingstagebuch planen. Das Trainingstagebuch inspiriert Sie, Ihren Weg fortzusetzen, denn es dokumentiert Ihre läuferischen Fortschritte.

Das Trainingstagebuch als Ordnungsstifter

Ein Läufer sagte mir: „Als meine Frau starb, schien mein Leben in Scherben zu liegen, und ich empfand ein einfaches und starkes Gefühl von Sicherheit, indem ich die täglich zurückgelegte Distanz aufzeichnete. Keiner konnte mir das wegnehmen." Eine Läuferin erzählte: „Als junge Geschäftsfrau und Mutter hatte ich das Gefühl, über mein Leben keine Kontrolle zu haben, bis ich damit begann, ein Trainingstagebuch zu führen. Anfangs schrieb ich bloß die Strecke auf, dann zusätzlich die Temperatur und das Tempo. Die Zeit, während der ich das Trainingstagebuch führte, war die einzige Zeit des Tages, während der ich das Gefühl von Kontrolle hatte. Es war wundervoll!"

Konstantes Training vermittelt Befriedigung

Wir alle fühlen uns besser und genießen unsere Aktivitäten, wenn wir das Gefühl haben, belohnt zu werden. Die einfache Handlung, die täglich zurückgelegte Strecke aufzuzeichnen, vermittelt Ihnen das Gefühl, etwas erreicht zu haben. Wenn Sie an Tagen, an denen Sie eigentlich keine Lust zum Laufen haben, trotzdem laufen, haben Sie ein gutes Gefühl. Selbst die engagiertesten Menschen haben Tage, an denen sie nicht motiviert sind, und sie haben mir erzählt, dass ihre Lauftagebücher sie an diesen Tagen wieder dazu gebracht haben, sich zu konzentrieren.

Das Trainingstagebuch ist Ihr Buch

Ja, Sie schreiben ein Buch. Auf jeden Fall schreiben Sie während der nächsten Monate einen Bericht über Ihr Laufleben. Niemand schreibt Ihnen vor, was Sie in das Buch eintragen. Wenn Läufer ihre Laufdaten in das Buch eintragen, wird ihnen bewusst, dass sie dasselbe Tagebuch auch benutzen können, um andere Bereiche ihres Lebens zu organisieren.

Selbst Läufer, die zu Beginn kein Tagebuch führen wollten, sind normalerweise beeindruckt von den vielen Vorteilen, die ein solches Trainingsdokument ihnen bringt. Da Sie Ihr Tagebuch niemandem zu zeigen brauchen, können Sie Ihren Gefühlen beim Schreiben freien Lauf lassen. Wenn Sie nach Monaten oder Jahren Ihre emotionalen Reaktionen auf eine bestimmte Trainingseinheit noch einmal Revue passieren lassen, kann dies sehr interessant sein.

Die flüchtigen Gedanken der rechten Gehirnhälfte

Eine der interessanten Herausforderungen und großen Vorteile des Tagebuchführens ist das Aufschreiben der kreativen und manchmal verrückten Bilder, die Ihrer rechten Gehirnhälfte entspringen. An manchen Tagen werden sich diese Bilder nicht einstellen, an anderen hingegen öffnen sich förmlich die Schleusen. Oft kommen die Gedanken aus dem Nichts.

Zu anderen Zeiten fällt Ihnen plötzlich die Lösung eines Problems ein, an dem Sie monatelang gearbeitet haben. Wenn Sie Ihr Tagebuch an dem Ort aufbewahren, den Sie nach Ihrem Lauf aufsuchen, sei es Ihr Auto, Büro, Ihre Küche, können Sie schnell einige Schlüsselbegriffe aufschreiben, um Ihre Ideen oder Verrücktheiten zu fixieren.

Die unterschiedlichen Arten von Trainingstagebüchern

Der Kalender an Ihrer Wand

Viele Läufer beginnen, indem sie ihre Läufe auf einem Wandkalender eintragen – er kann auch am Kühlschrank hängen. Wenn man sich die aufgezeichneten Kilometer anschaut, gibt dies Kraft. Genauso motivierend ist es jedoch für viele, wenn sie die vielen „Nullen" an den Tagen sehen, an denen sie eigentlich hätten laufen sollen. Wenn Sie sich nicht sicher sind, ob Sie wirklich anfangen wollen, ein Tagebuch zu führen, empfiehlt es sich, mit einem Kalender anzufangen.

Ein organisiertes Lauftagebuch

Wenn Sie ein Buch verwenden, das eigens für das Laufen bestimmt ist, müssen Sie nicht an alle Fakten denken, die Sie aufzeichnen wollen. In den Freiräumen auf den Seiten werden Sie nach bestimmten Informationen gefragt und Sie werden schnell lernen, die entsprechenden Freiräume auszufüllen. Dies gibt Ihnen Zeit, einige der Freiräume dazu zu verwenden, die kreativen Gedanken und Ideen aufzuschreiben, die Ihnen während eines Laufs einfallen. Schauen Sie sich die unterschiedlichen Tagebücher an, die erhältlich sind, und wählen Sie eines aus, das Ihnen zusagt.

Notizbuch

Sie benötigen kein kommerziell erhältliches, spezielles Lauftagebuch. Sie können Ihr eigenes Tagebuch erstellen, indem Sie ein einfaches Schulheft Ihrer Wahl verwenden. Suchen Sie sich eines in der Größe, die Ihnen am besten zusagt (Brieftaschengröße, Geldbörsengröße usw.). Unten finden Sie diejenigen Punkte, die meiner Meinung nach in einem Tagebuch erfasst werden sollten. Aber die besten Tagebücher sind die, die das Aufzeichnen von Daten ermöglichen, die Sie interessant finden, gleichzeitig aber Ihrer Kreativität keine Grenzen setzen. So eignet sich ein Notizbuch eher für Läufer, die an einem Tag viel, an anderen weniger schreiben möchten.

Computertagebücher

Es gibt immer mehr Softwareprodukte, die es Ihnen erlauben, Informationen schneller zu durchsuchen. Bei der Arbeit mit einer Firma (PC Coach), mit dem Ziel, mein Trainingsprogramm zu integrieren, stellte ich fest, dass dieses Format die Suche nach der benötigten Information beschleunigt. Wenn Sie Ihre eigenen Kodes und Abschnitte einrichten, können Sie auf Daten zugreifen, die für Sie wichtig sind, Sie können sie sortieren, um Trends zu erkennen, und Sie können lernen, im Voraus zu planen. Einige Softwareprodukte (einschließlich meiner eigenen) ermöglichen Ihnen das Downloaden von Daten aus einem Herzfrequenzmessgerät oder einem GPS-Gerät.

Der Schreibprozess

1. Fangen Sie den Strom Ihrer rechten Gehirnhälfte ein

Versuchen Sie, das Tagebuch griffbereit zu haben, sodass Sie nach dem Laufen Ihre Informationen aufschreiben können. Unmittelbar nach einem Lauf sind Ihre Wahrnehmungen noch frisch und es wird Ihnen eher möglich sein, die Bilder Ihrer rechten Gehirnhälfte und die Gedanken niederzuschreiben, die schnell verblassen.

2. Nur die Fakten

Zunächst sollten Sie einige Sekunden darauf verwenden, die Schlüsselinformationen aufzuschreiben, die Sie festhalten möchten. Wenn Sie über einen Aspekt nachdenken müssen, sollten Sie weitergehen und nur die Gedanken niederschreiben, bei denen Ihnen dies problemlos möglich ist. Im Folgenden finden Sie eine Themenliste, die viele Läufer verwenden:

DATUM:

Morgenpuls (siehe S. 87)
Zeitpunkt des Laufs
Streckenlänge
Gelaufene Zeit
Wetter
    Temperatur
    Niederschlag
    Luftfeuchtigkeit

KOMMENTAR:

Häufigkeit der Geh- und Laufabschnitte
Spezielle Laufabschnitte (Tempoabschnitte, Hügel, Abschnitte im Renntempo usw.)
Laufpartner
Terrain
Gefühl beim Laufen (1-10)

Gehen Sie die Liste noch einmal durch und tragen Sie weitere Details ein – emotionale Reaktionen, Veränderungen des Energieniveaus oder des Blutzuckerspiegels und Stellen, an denen Sie Probleme hatten – selbst wenn sie nur vorübergehender Natur waren. Suchen Sie nach Symptomen, die auf eine Verletzung, Blutzuckerprobleme, unterschwellige Ermüdung usw. hindeuten könnten.

3. Hilfreiche zusätzliche Aspekte (normalerweise in einem Freiraum unten auf der Seite)

- Gedanken, die auf eine Verbesserung hindeuten
- Dinge, die ich besser anders gemacht hätte
- Interessante Vorfälle
- Lustige Dinge
- Seltsame Dinge
- Geschichten, verrückte Gedanken meiner rechten Gehirnhälfte

Sind Sie müde ... oder nur faul? Ihr Morgenpuls kann es Ihnen sagen

Viele Leute behaupten, sie seien zu müde zum Laufen. Aber nachdem ich mit vielen, die dies behaupten, gesprochen habe, glaube ich, dass es sich bei diesem Gefühl tatsächlich um Faulheit handelt (die meisten werden das auch zugeben) oder um einen niedrigen Blutzuckerspiegel. Eines der besten Anzeichen richtiger Ermüdung ist Ihr Ruhepuls, den Sie am Morgen messen. Sie können Ihren Morgenpuls in Ihrem Tagebuch aufzeichnen (einige Läufer verwenden dazu jedoch Millimeterpapier).

Das Aufzeichnen des Morgenpulses

1. Sobald Sie bei Bewusstsein sind, – aber bevor Sie über irgendetwas tiefer nachgedacht haben – zählen Sie Ihren Puls über eine Minute. Schreiben Sie den Wert auf, ehe Sie ihn vergessen. Wenn Sie Ihr Trainingstagebuch nicht neben dem Bett liegen haben, halten Sie ein Blatt Papier und einen Stift bereit.
2. Ein Schwanken des Morgenpulses in Abhängigkeit von der Zeit, zu der Sie aufwachen, wie lange Sie wach waren usw., ist natürlich. Diese Schwankungen gleichen sich nach einigen Wochen und Monaten aus. Ideal ist es, wenn Sie den Morgenpuls im Moment des Wachwerdens messen, vor dem Klingeln eines Weckers oder eventuellen Gedanken an den Arbeitsstress usw.
3. Nachdem Sie etwa zwei Wochen lang gemessen haben, können Sie den morgendlichen Grundpuls bestimmen. Lassen Sie dazu die beiden höchsten Werte weg und errechnen Sie den Mittelwert der übrig gebliebenen Werte.
4. Dieser Mittelwert ist Ihr Leitwert. Wenn Ihr Pulswert 5 % höher als Ihr Durchschnittswert ist, sollten Sie einen lockeren Tag einlegen. Wenn der Pulswert 10 % höher ist und es dafür keinen Anlass gibt (Sie sind z. B. aus einem aufregenden Traum erwacht, es handelt sich um eine medikamentös bedingte Reaktion, eine Infektion usw.), dann sind Ihre Muskeln möglicherweise wirklich erschöpft. Legen Sie einen Ruhetag ein, wenn Sie an dem betreffenden Tag eine Lauf-Walking-Einheit geplant hatten.
5. Wenn Ihr Puls über eine Woche hoch bleibt, sollten Sie den Arzt aufsuchen, um nach der Ursache zu forschen (Medikamenteneinnahme, Hormone, Stoffwechselveränderungen usw.).

12 Fettspeicherung im Körper

Fett ist unsere biologische Versicherung gegen Notfälle. Fett ist der Brennstoff, den Ihr Körper im Falle von Hunger, Krankheit, einer Verletzung des Verdauungsapparats usw. benutzt. Sie werden weiter unten darüber lesen, wie Ihr innerer „Sollwert" Ihren Körper darauf programmiert, am Fett festzuhalten, leider zu gut. Ich habe mich jahrelang mit diesem Thema beschäftigt und mit Ernährungsspezialisten gesprochen. In diesem Kapitel werde ich Ihnen meine Auffassung zu diesem Thema mitteilen, sodass Sie auf der Basis Ihrer Bedürfnisse und Ziele eine Strategie entwickeln können.

Viele Menschen beginnen mit dem Laufen, um Fett zu verbrennen. Tatsächlich ist die Lauf-Walking-Methode die effektivste und geeignetste Trainingsform, um Ihre Fettspeicherung zu reorganisieren, sodass Fett verbrannt wird, weil sie Ihnen hilft, das Ausdauertraining – das zu Ihrem Fettverbrennungsofen wird – zu genießen. Wenn der Körper auf Fettverbrennung konditioniert ist, bevorzugt er diesen Brennstoff, weil bei seiner Verbrennung nur wenige Abfallstoffe entstehen.

Aber es reicht nicht aus, Fett zu verbrennen. Für eine langfristige Gesundheit und Körperpflege müssen Sie das Fett eliminieren. Erfolgreiche Fettverbrenner beachten drei Dinge:

1. Sie verstehen den Prozess der Fettverbrennung, indem Sie dieses Kapitel und andere Quellen lesen.
2. Sie glauben fest daran, dass Sie den Fettprozentanteil Ihres Körpers senken wollen.
3. Sie erstellen einen Verhaltensplan, der Ihren ganzen Lebensstil beeinflusst.

Wie sammelt sich Fett an?

Wenn Sie Fett in Form eines Imbisses oder einer Mahlzeit zu sich nehmen, könnten Sie sich genauso gut eine Spritze setzen und es direkt in Ihren Bauch oder Ihre Oberschenkel injizieren. Ein verzehrtes Gramm Fett ist ein verarbeitetes Gramm Fett, das in den Fettspeicherregionen Ihres Körpers abgelegt wird.

Darüber hinaus wird, wenn Sie während eines Tages mehr Kalorien aus Eiweiß (Fisch, Hühnchen, Rindfleisch, Tofu) und Kohlenhydraten (Brot, Obst, Gemüse, Zucker) zu sich nehmen, als Sie brauchen, der Überschuss in Fett verwandelt und gespeichert.

Der Fettspeicher sichert das Überleben

Mehr als eine Million Jahre der Evolution haben den menschlichen Körper so programmiert, dass er das gespeicherte Fett festhält. Das zu Grunde liegende Prinzip ist das Überleben der Arten. Bevor die Menschen das Wesen der Krankheiten und der Prävention verstanden, waren sie anfällig für verheerende Infektionen. Selbst leichte Erkrankungen und Erkältungen führten in der Urzeit dazu, dass jedes Jahr große Teile der Bevölkerung umkamen. Diejenigen, die Fettreserven angesammelt hatten, überlebten hingegen Hunger- und Krankheitsperioden und vererbten die auf Anpassung beruhende Fähigkeit, Fettreserven anzuhäufen, an ihre Kinder.

Der Sollwert sichert die Fettreserven

Der Sollwert ist ein biologisch determinierter Überlebensmechanismus. Es ist zwar möglich, ihn anders einzustellen, Sie kämpfen dabei jedoch gegen Mechanismen an, die älter als eine Million Jahre sind. Wenn Sie diesen Mechanismus akzeptieren, lässt sich effektiver mit den Fettreserven im Körper umgehen.

Das Fettniveau wird Anfang 20 festgelegt

Viele Spezialisten stimmen darin überein, dass wir mit etwa 25 Jahren ein Fettlevel angesammelt haben, das vom Körper intuitiv als das niedrigste Level betrachtet wird. Der Sollwert ist so programmiert, dass er jedes Jahr etwas ansteigt. Angenommen, John hatte im Alter von 25 Jahren eine Körperfettkonzentration von 10 % und sein Sollwert nimmt jedes Jahr um ein halbes Prozent zu. Der Zuwachs ist im jungen Alter so geringfügig, dass wir ihn normalerweise nicht bemerken, solange wir jung sind. 10 Jahre später bemerken wir ihn jedoch, wenn wir bei einem Klassentreffen oder einem ähnlichen Anlass Vergleichsmöglichkeiten haben.

Menschen schleppen nun einmal Fett mit sich herum, aber der Sollwert macht seine Arbeit zu gut, denn er steigt jedes Jahr prozentual an. Und die Steigerung wird noch deutlicher, je älter wir werden. Selbst wenn es ein Jahr gab, in dem Stress oder Erkrankung den normalen Anstieg verhindert haben, kompensiert der Sollwert dies, indem er dafür sorgt, dass der Appetit im nächsten oder in den nächsten beiden Jahren wächst. Sie können dies als ungerecht empfinden, dies beeinflusst den Sollwert nicht. Training kann den Sollwert senken … geben Sie die Hoffnung also nicht auf.

Männer und Frauen lagern Fett unterschiedlich ab

Während Männer dazu neigen, Fett nahe der Hautoberfläche abzulagern, füllen sich bei Frauen (vor allem wenn sie zwischen 20 und 40 Jahre alt sind) zuerst die inneren Speicher. Die meisten Frauen erkennen zwar, dass ihr Gewicht Jahr für Jahr leicht zunimmt, aber sie machen sich keine Gedanken darüber, weil es an der Hautoberfläche zu keiner feststellbaren Fettzunahme kommt. Einige testen dies mithilfe des „Kneiftests".

Dann sind plötzlich innerhalb eines Jahres die inneren Speicher angefüllt und das zusätzliche Fett lagert sich im Bauch- und Oberschenkelbereich sowie in anderen Zonen ab. Eine typische Klage von Frauen zwischen 30 und Anfang 40 lautet daher: „Mein Körper hat mich betrogen." Tatsache ist, dass Fett beständig abgelagert wurde, aber lange Jahre unsichtbar.

Männern fällt die Fettverbrennung leichter als Frauen

Wenn Männer mit einem regelmäßigen Lauftraining beginnen, verlieren viele von ihnen mehrere Monate lang Fett und damit Gewicht. Vermutlich auf Grund biologischer Ursachen und eines Urschutzes von Müttern fällt es Frauen viel schwerer, Fett abzubauen. Die Wahrheit ist, dass Sie anderen Menschen in unserer Gesellschaft überlegen sind, sogar dann, wenn Sie dasselbe Gewicht beibehalten. Auf Grund des Sollwerts nimmt ein durchschnittlicher 45 Jahre alter Mensch in den USA jedes Jahr 3-4 Pfund zu. Dies bedeutet, dass der Sollwert sich auch dann verringert hat, wenn Sie Ihr Gewicht jahrelang einfach halten.

Warum Diätprogramme nicht erfolgreich sind

Wir sind sicherlich in der Lage, die Nahrungsaufnahme mehrere Tage, Wochen oder Monate lang zu reduzieren, um Fett abzubauen und unser Gewicht zu verringern. Dabei handelt es sich um eine Form des Hungerns und der Sollwert verfügt über ein Langzeitgedächtnis. Sie nehmen z. B. innerhalb von zwei Monaten 10 Pfund ab. Wenn Sie nämlich mit der Diät aufhören, werden Sie den Hungerreflex erleben: eine leichte Zunahme des Appetits und des Hungers über Wochen und Monate, bis Ihr Körperfettanteil höher ist als vor der Diät. Es ist eine Tatsache, dass alle diejenigen, die Fett auf Grund einer Diät abgebaut haben, innerhalb weniger Monate nach dem Ende der Diät mehr Fett anlagern, als sie vorher hatten.

Auswirkungen des Hungerreflexes

Wenn Sie länger als drei Stunden warten, ehe Sie etwas essen, wird Ihrem Sollwert signalisiert, dass Sie möglicherweise in eine Hungerperiode geraten. Je länger Sie mit dem Essen warten, desto eher werden Sie die folgenden drei Auswirkungen des Hungerreflexes spüren:

1. Eine Reduzierung Ihrer Stoffwechselrate. Stellen Sie sich eine innere Stimme vor, die in etwa das Folgende sagt: „Wenn diese Person mir die Nahrung entziehen will, setze ich die Stoffwechselrate her-

ab, um meine Ressourcen zu schonen." Ein langsamerer Stoffwechsel führt dazu, dass Sie lethargischer und schläfriger werden und dass Ihre Motivation, zu trainieren oder sich mehr zu bewegen, abnimmt. Im Endeffekt bleiben Sie im Lehnstuhl oder auf dem Sofa sitzen, reduzieren Ihre Bewegung und damit Ihre Kalorienverbrennung.

2. Eine Zunahme der fettablagernden Enzyme. Je länger Sie mit dem Essen warten, desto mehr fettablagernde Enzyme sind vorhanden und desto mehr Fett aus Ihrer nächsten Mahlzeit wird tatsächlich abgelagert.

3. Ihr Appetit nimmt zu. Je länger Sie mit dem Essen warten, desto wahrscheinlicher ist es, dass Sie bei Ihren nächsten Mahlzeiten einen unstillbaren Appetit haben. Sie essen eine normale Mahlzeit und sind noch immer hungrig.

Der Umgang mit stark zuckerhaltigen Nahrungsmitteln

Ich mochte einmal eine bestimmte Sorte Eiscreme so sehr, dass ich an mehreren Abenden in der Woche eine Portion aß. Es war die Belohnung, die ich mir dafür gewährte, dass ich an den betreffenden Tagen meine Trainingsziele erreicht hatte. Dann, an einem schicksalsträchtigen Neujahrstag, entschlossen meine Frau Barb und ich uns, die betreffende Sorte Eiscreme aus unserer Nahrung zu streichen – nachdem wir sie mehr als 10 Jahre lang gegessen hatten. Zwei Jahre lang blieben wir standhaft. Eine Box mit Resten nach einer Geburtstagsparty brachte uns jedoch dazu, die Gewohnheit wieder aufzunehmen und wir aßen nun sogar mehr als zuvor – weil wir auf die Eiscreme so lange verzichtet hatten.

Sie können für eine gewisse Zeit auf Nahrung, die Sie sehr mögen, verzichten. Aber irgendwann können Sie der Versuchung nicht widerstehen und werden die

LAUFEN – DER PERFEKTE EINSTIEG

betreffende Speise in sich hineinschlingen. Meine Lösung dieses Problems sah folgendermaßen aus:

1. Ich schloss mit mir selbst einen Vertrag: Ich konnte jederzeit, wenn mir danach war, etwas von dieser Eiscreme essen, kam jedoch mit mir überein, nur geringe Mengen zu verzehren.
2. Ich setzte mir das Ziel, in fünf Jahren von jetzt an jede Woche eine Schüssel zu essen.
3. In vier Jahren von jetzt an eine Schüssel alle fünf Tage zu essen.
4. In drei Jahren von jetzt an eine Schüssel alle vier Tage zu essen.
5. Zu lernen, gesunde Süßigkeiten zu konsumieren, wie Obstsalate, Energieriegel usw.

Es funktionierte! Ich esse so gut wie gar keine Eiscreme mehr ... aber hin und wieder genieße ich eine Schüssel, wenn ich möchte. Dies geschieht nur aus medizinischen Gründen, wie Sie sicherlich verstehen.

Der Betrug mit der kohlenhydratarmen Diät

Zweifellos helfen Diäten mit geringem Kohlenhydratanteil, Gewicht zu verlieren ... Wassergewicht. Ein derartiger Verlust ist oberflächlich und wird leicht wieder ausgeglichen. So funktioniert's: Bei großen körperlichen Belastungen benötigen Sie eine schnelle Energiequelle namens Glykogen, das aus Kohlenhydraten stammt und jeden Tag wieder ersetzt werden muss. Die Speicherräume für Glykogen sind begrenzt und Glykogen dient auch als primäre Energiequelle für lebenswichtige Organe wie das Gehirn. Eine große Menge Wasser wird in der Nähe der Glykogenspeicherplätze gespeichert, weil es zur Verarbeitung von Glykogen benötigt wird.

Indem sie auf Kohlenhydrate verzichten, erleiden Personen, die sich einer kohlenhydratarmen Diät unterziehen, eine ernsthafte Verminderung ihrer Glykogenkonzentration. Wenn aber kein Glykogen vorhanden ist, wird auch kein Wasser gespeichert. Der Mangel an diesen beiden Substanzen führt innerhalb weniger Tage zu einem beträchtlichen Gewichtsverlust – der einige Wochen anhält.

Fett wird nicht verbrannt. Im Gegenteil, bei vielen Personen, die sich kohlenhydratarm ernähren, wird mehr Fett gespeichert. Da diese Personen mehr Fett essen, nimmt oft ihr Körperfettanteil zu, während der Wasser-/Glykogenverlust auf Grund des oberflächlichen Wasserverlusts eine Gewichtsabnahme bewirkt.

Wenn sie später das Wasser und das Glykogen ersetzen, nehmen sie wieder zu. Schon bald ist das Gesamtkörpergewicht wegen des zusätzlichen Fetts in der kohlenhydratarmen Diät höher als vorher.

Da ihre Glykogenenergiespeicher wenig gefüllt oder leer sind, verfügen Personen, die sich kohlenhydratarm ernähren, nicht über die für körperliche Belastungen erforderliche Energie.
    Aus diesem Grund hören Sie, dass diese Personen klagen, sie hätten wenig Energie, keine Lust zum Trainieren, sie wären nicht in der Lage, eine Trainingseinheit zu Ende zu bringen und könnten sich nicht konzentrieren (weniger Glykogen bedeutet weniger Nahrung für das Gehirn).

Selbst wenn Sie „hart bleiben" oder bei der Diät ein wenig pfuschen, lässt Ihre Fähigkeit, selbst mäßig belastende Anstrengungen zu absolvieren, deutlich nach. Wenn Ihre Energiespeicher so gut wie leer sind, wird das Training zu einem richtigen Kampf und macht keinen Spaß mehr.

Die Nachteile kohlenhydratarmer Diäten

- Sie verbrennen kein Fett – viele Personen lagern sogar mehr Fett ab.
- Bei dem Gewichtsverlust handelt es sich normalerweise um einen Flüssigkeitsverlust zusammen mit einem Glykogenverlust.
- Fast jeder, der diese Diät durchführt, isst innerhalb einiger Wochen oder Monate wieder genauso wie vorher.
- Fast alle, die sich einer kohlenhydratarmen Diät unterziehen, nehmen mehr Gewicht zu, als sie verloren haben.
- Sie verlieren die Bereitschaft und die Motivation zum Training.
- Sie verlieren die Leistungsfähigkeit, die Ihnen hilft, Ihr Gewicht beizubehalten, wenn Sie sich wieder normal ernähren.
- Ihr Stoffwechselumsatz reduziert sich – wodurch es schwieriger wird, Ihr Gewicht zu halten.

Es handelt sich um eine Art Hungerdiät. Ich habe von zahllosen Opfern der kohlenhydratarmen Diät gehört, dass der psychische Entzug von Kohlenhydraten während der Diät dazu führte, dass sie nach Beendigung der Diät umso mehr Kohlenhydrate aßen. Die Lust auf Brot, Backwaren, Pommes frites, Softdrinks und andere, dick machende Nahrungsmittel war Monate nach Beendigung der Diät erhöht. Das Gewicht steigt an.

Wie viele andere Diäten auch, reduziert die kohlenhydratarme Diät den Stoffwechselumsatz. Dadurch verringert sich die Anzahl der pro Tag verbrannten Kalorien. Wenn Sie sich wieder normal ernähren, haben Sie keinen „Stoffwechselbrennofen" mehr, der das Mehr an Kalorien verbrennt.

Senkung des Sollwerts

Ihr Körper verfügt über die Fähigkeit, sich an die normalen Tätigkeiten, mit denen Sie sich beschäftigen, anzupassen. Er versucht auch, Belastungen zu vermeiden. Im nächsten Kapitel werden wir darüber sprechen, wie Sie Ihre Muskeln so trainieren, dass sie Fett verbrennen werden. Wenn Sie sie erst einmal so konditioniert haben, können Sie einen fettverbrennenden Lebensstil pflegen. Die Senkung des Sollwerts fällt nicht leicht, ist aber möglich – wenn Sie Ihren Körper regelmäßig bestimmten Belastungen aussetzen.

Belastungsanpassungen durch Ausdauertraining

- **Anstieg der Körpertemperatur sowie**
- **hohe Aufprallbelastungen.**

Wenn Sie regelmäßig und lange genug laufen, um diese Belastungen in Gang zu setzen, lösen Sie Prozesse aus, die darauf abzielen, diese Belastungen zu reduzieren.

- **Anstieg der Körperkerntemperatur**

Jeder weiß, dass man, wenn man läuft, ins Schwitzen gerät. Die Anstrengung, die erforderlich ist, um den Körper vom Boden abzuheben, steigert die Körperkerntemperatur. Wenn Sie diesen Temperaturanstieg aufrechterhalten, steigt die Körpertemperatur. Da das Körperfett wie eine Decke wirkt, die die Körpertemperatur hält, besteht die langfristige Lösung darin, die sie umgebende Fettschicht zu verringern, was seinerseits zur Reduzierung der Wärmebildung führt.

Je regelmäßiger Sie Lauf-Walking-Einheiten absolvieren, die bis zu 45 Minuten lang sind, desto wahrscheinlicher ist es, dass Ihr Sollwert sinkt, um diese wiederholte Hitzebelastung zu vermeiden.

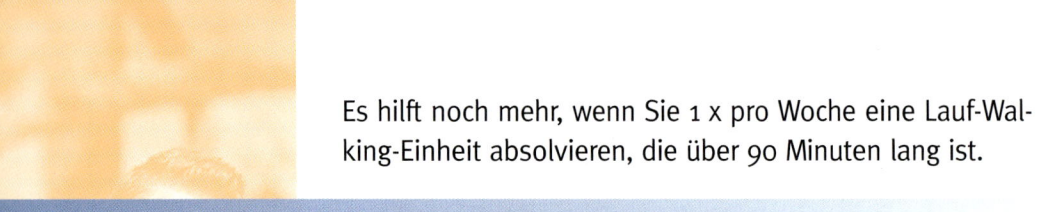

Es hilft noch mehr, wenn Sie 1 x pro Woche eine Lauf-Walking-Einheit absolvieren, die über 90 Minuten lang ist.

- **Hohe Aufprallbelastungen**

Je mehr Gewicht Sie mit sich herumtragen, desto stärker werden Sie den Aufpralleffekt des Laufens empfinden. Wenn Sie jeden zweiten Tag laufen, registriert Ihr Körper diese regelmäßige Belastung und sucht nach Wegen, sie zu vermeiden. Er wird erkennen, dass eine Gewichtsreduktion die Aufprallbelastungen vermindert.

Crosstraining fördert die Fettverbrennung

Wenn Sie eine regelmäßige, den Sollwert absenkende Belastung aufrechterhalten, gleichzeitig aber die Belastung Ihres Bewegungsapparats reduzieren wollen, bietet sich Crosstraining als Alternative an. Die besten Aktivitäten sind die, die die Körperkerntemperatur ansteigen lassen, viele Muskelzellen beanspruchen und sich länger als 45 Minuten bequem durchführen lassen. Crosstraining absolvieren Sie an den Tagen, an denen Sie nicht laufen. Schwimmen ist kein geeignetes Training, um Fett zu verbrennen. Das Wasser absorbiert den Temperaturanstieg und daher nimmt die Körperkerntemperatur nicht signifikant zu.

Gut für die Fettverbrennung sind folgende Aktivitäten:
- Skilanglauf,
- Walking,
- Arbeit auf dem Ellipsentrainer,
- Rudern sowie
- Fahrradergometertraining.

13 Trainingsprogramm zur Fettverbrennung

Selbst wenn Sie kein Pfund Gewicht verlieren, wird es Ihnen gesundheitlich besser gehen, wenn Sie regelmäßig laufen. Untersuchungen in der Cooper-Klinik, die von Dr. Kenneth Cooper in Dallas (Texas) und anderen Organisationen gegründet wurde, haben gezeigt, dass selbst adipöse Personen ihr Risiko, Herz-Kreislauf-Erkrankungen zu erleiden, durch regelmäßiges Training senken können.

Langsames, aerobes Laufen ist eine der besten Methoden, um Fett zu verbrennen. Aber die meisten Läufer weisen während des ersten Laufjahres keinerlei Gewichtsverlust auf. Dies bedeutet im Grunde jedoch bereits einen Sieg über den Sollwert. Als Erstes vermeiden Sie die durchschnittliche, durch den Sollwert verursachte Gewichtszunahme von 3-4 Pfund pro Jahr. Hinzu kommt, dass Läufer auch Fett verbrennen, wenn sie ihr Gewicht halten. Wie ist das möglich? Das erfahren Sie in diesem Kapitel.

Wenn Sie laufen, speichert Ihr Körper überall mehr Glykogen und Wasser, um Energie zu verarbeiten und Sie kühlen ab. Ihr Blutvolumen nimmt ebenfalls zu. Alle diese Prozesse tragen dazu bei, effektiver zu trainieren, aber sie führen zu einer Gewichtszunahme (nicht zu einer Fettzunahme). Wenn Ihr Gewicht nach dem Beginn des regelmäßigen Trainings gleich bleibt, haben Sie dennoch mehrere Pfund Fett verbrannt. Lassen Sie sich nicht von der Waage verrückt machen.

Ein langfristiges Verbrennen von Fett erfordert normalerweise Disziplin und ein klar definiertes Ziel. Wenn Sie auf Ihre Ernährung und Ihr Lauf-Walking-Training achten, werden Sie den Erfolg spüren. Ein Geheimnis der erfolgreichen Fettverbrennung liegt darin, dass Sie den ganzen Tag über aktiver als sonst sind. Wenn Sie lernen, zu gehen, statt nur zu sitzen, werden Sie erstaunt sein, wie viele Schritte Sie pro Tag machen:

Schritte = verbrannte Kalorien

Aerobes Laufen verbrennt Fett

Wenn Sie bewusst Gehpausen einlegen und insgesamt innerhalb der Grenzen Ihrer körperlichen Leistungsfähigkeit laufen (also nicht außer Atem geraten), erhalten Ihre Muskeln ausreichende Mengen an Sauerstoff. Es handelt sich dann um eine aerobe Belastung. Wenn Sie hingegen zu schnell laufen und die Leistungsfähigkeit Ihrer Muskeln überfordern, gerät das Blutsystem in eine Sauerstoffschuld und die Belastung wird anaerob.

Sauerstoff wird zur Fettverbrennung benötigt. Langsames Laufen hält Sie somit in der aeroben Fettverbrennungszone. Wenn Sie zu schnell laufen und Ihre Muskeln nicht genug Sauerstoff erhalten, werden Sie beginnen, schwer zu atmen. Dies ist ein Zeichen dafür, dass Sie eine Sauerstoffschuld aufbauen. Ohne Sauerstoff greifen die Muskeln zum gespeicherten Glykogen, was bei der Verbrennung eine große Menge Schlacken bildet.

Trainingsprogramm zur Fettverbrennung

- Ein langer Lauf pro Woche von über 60 Minuten Dauer.
- Zwei Lauf-Walking-Einheiten von über 45 Minuten Dauer.
- 2-3 alternative Trainingseinheiten von über 45 Minuten Dauer.
- Zusätzliche 6.000 Schritte (oder mehr) pro Tag bei Ihren täglichen Aktivitäten.

Zuckerverbrennung während der ersten 15 Minuten Ihres Trainings

Glykogen ist ein schnell verfügbarer Brennstoff während der ersten Viertelstunde Ihres Trainings. Diejenigen, die nicht länger als 15 Minuten trainieren, werden nicht in den Bereich der Fettverbrennung vorstoßen und trainieren Ihre Muskeln nicht auf die Verbrennung dieses Energieträgers. Wenn Sie jedoch Ihre Kohlenhydratspeicher geleert haben, wie z. B. bei einer kohlenhydratarmen Ernährung, bekommen Sie Probleme mit Ihrer Leistungsfähigkeit und Motivation.

Glykogen produziert eine große Menge von Schlacken – vor allem fällt Milchsäure an. Wenn Sie sich langsam bewegen, das heißt, hauptsächlich walken, wird es zu keiner nennenswerten Ansammlung von Abfallstoffen kommen. Selbst wenn Sie meinen, langsam zu laufen, Sie jedoch während der ersten 10 Minuten außer Atem geraten sind, sind Sie zu schnell gegangen. Wenn Sie Zweifel haben, walken Sie zu Beginn länger und langsamer.

Wechsel in die Fettverbrennungszone nach 15-45 Minuten

Wenn Sie im Rahmen Ihrer Fähigkeiten trainieren, beginnt Ihr Körper mit dem Fettabbau und verwendet Fett als Brennstoff. Fett ist in Wirklichkeit ein effizienterer Brennstoff, der weniger Schlackenstoffe erzeugt. Der Übergang wird sich während der nächsten ca. 30 Minuten fortsetzen. Wenn Sie 45-50 Minuten im Bereich Ihrer Leistungsgrenzen trainiert haben, werden Sie vorwiegend Fett verbrennen – vorausgesetzt, Ihre Muskeln sind darauf trainiert. Mit zahlreichen Gehpausen und einem langsamen Tempo kann fast jeder drei Trainingseinheiten pro Woche von je 45 Minuten Dauer absolvieren.

Drei Trainingseinheiten pro Woche in der Fettverbrennungszone

Selbst die untrainiertesten Muskeln, die 50 Jahre lang nur Glykogen verbrannt haben, können darauf trainiert werden, Fett zu verbrennen, allerdings unter folgender Bedingung:
- Bewegen Sie sich 3 x pro Woche in der Fettverbrennungszone (jeweils 45 Minuten und länger).

Eine lange Trainingseinheit pro Woche (⋯⋮ 90 min)

Die Ausdauereinheit zielt darauf ab, dass Sie sich für längere Zeit in der Zone der Fettverbrennung bewegen. Um optimale Ergebnisse zu erzielen, sollten Sie dies jede Woche tun und die Zeit allmählich bis etwa 90 Minuten ausdehnen. Wenn Sie keine Zeit für eine 90 Minuten lange Trainingseinheit haben, sollten Sie mindestens 60 Minuten trainieren.

Walking mit Gehpausen

Gehpausen schieben Sie in die Fettverbrennungszone und bewirken gleichzeitig eine schnelle Erholung Ihrer Muskeln. Um Fett zu verbrennen, ist es am besten, wenn Sie bereits früh und häufig Gehpausen einlegen. Die Anzahl der Kalorien, die Sie verbrennen, basiert auf der Anzahl der zurückgelegten Kilometer. Gehpausen ermöglichen es Ihnen, längere Strecken pro Tag zurückzulegen, ohne zu ermüden. Indem Sie das Belastungsniveau reduzieren, bleiben Sie länger in der Fettverbrennungszone – normalerweise die ganze Einheit über. Wenn Sie im Zweifel sind, ist es am besten, mehr zu gehen und das Tempo zu verringern.

> „Indem Sie jede Woche 90 Minuten laufen und gehen, entwickeln sich Ihre Beinmuskeln zu Fettverbrennern. Im Laufe der Zeit bedeutet dies, dass Sie auch mehr Fett verbrennen, wenn Sie den ganzen Tag sitzend am Schreibtisch verbringen und selbst nachts, wenn Sie schlafen."

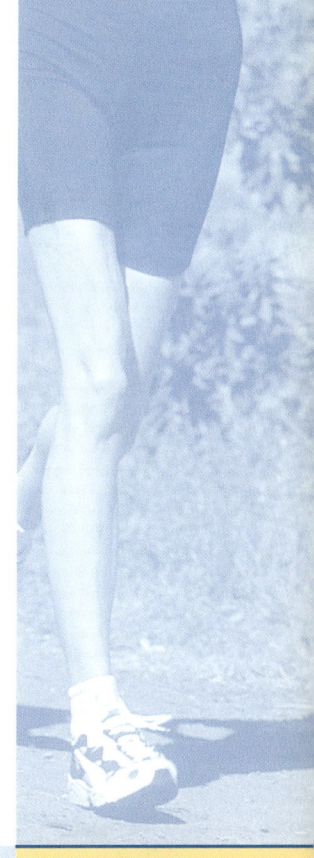

LAUFEN – DER PERFEKTE EINSTIEG

14 Lebenslanges Fettverbrennungstraining

An früherer Stelle in diesem Buch wurde ein erfolgreiches Trainingsprogramm zur Fettverbrennung vorgestellt. Wenn Sie diesen Plan befolgt haben, finden Sie hier einen Anschlussplan, mit dessen Hilfe Sie fortsetzen können, was Sie angefangen haben – und Sie können sich auf ein höheres Niveau anheben, wenn Sie wollen. Das Trainingsprogramm skizziert einen Idealablaufplan, aber viele Läufer haben nicht die Zeit, jedes Element zu erfüllen. Ich habe daher für jeden Punkt Prioritäten festgelegt.

1. Trainingseinheiten mit höchster Priorität – stellen Sie sicher, dass Sie diese jede Woche absolvieren.
2. Trainingseinheiten mit zweithöchster Priorität – es wäre sehr positiv, wenn Sie diese jede Woche absolvieren würden.
3. Trainingseinheiten, die Sie absolvieren, wenn Sie Zeit haben – sie sind hilfreich, haben aber eine niedrigere Priorität.

Die Wochentage dienen nur als Vorschläge. Passen Sie Ihren Plan nach Belieben an. Wenn Sie die Gesamtlänge der Einheit nicht absolvieren können, trainieren Sie das, was möglich ist – selbst 10 Minuten sind besser als nichts. Walking ist eine großartige Methode, um an einem Lauftag oder lauffreien Tag zusätzliche Kalorien zu verbrennen. Wenn Sie einen Schrittzähler verwenden, können Sie das Gehen in eine ganztägige Serie von Schrittsegmenten unterteilen. Schauen Sie sich den unten stehenden Abschnitt zu 10.000 Schritten pro Tag an (s. S. 107 f.).

LAUFEN – DER PERFEKTE EINSTIEG

Sonntag (1)

Eine längere Walking-Lauf-Einheit. Beginnen Sie mit dem Umfang, mit dem Sie Ihr Fettverbrennungsprogramm beendet haben (normalerweise 60 Minuten) und steigern Sie sich allmählich auf 90-120 Minuten. Wenn Sie die Dauer erreicht haben, die Sie als Ihre Grenze betrachten möchten, können Sie das Lauf-Walking-Verhältnis so anpassen, dass es für Sie angenehm ist. Scheuen Sie nicht davor zurück, zu Beginn mehr zu gehen. Die Aufgabe lautet, sich weiter fortzubewegen und sich dabei gut zu fühlen. Sie sollten mit dem Gefühl aufhören, dass Sie noch hätten weitermachen können.

Montag (3)

Ein alternatives Training, das die Körpertemperatur nach oben treibt und Ihnen gleichzeitig erlaubt, über 60 Minuten zu trainieren. Sie sollten selbst an Tagen, an denen Sie unter Zeitdruck stehen, versuchen, 45 Minuten zu schaffen. Selbst wenn Sie nur 15 Minuten einschieben können, wird Ihnen die zusätzlich verbrannte Energie helfen, mehr Fett in der betreffenden Woche zu verbrennen. Das Training an Steppern ist nicht zu empfehlen.

Dienstag (1)

Eine mäßig intensive Geh-Lauf-Einheit von 40-60 Minuten Dauer. Diese hilft Ihnen, die Fettverbrennungsanpassungen beizubehalten, die Sie durch die längere Trainingseinheit am Wochenende erworben haben. Das Tempo dieser Einheit können Sie frei bestimmen, aber wenn Sie im Zweifel sind, sollten Sie langsamer und länger gehen/laufen.

Mittwoch (3)

Alternatives Training, wie Montag, 60 Minuten.

Donnerstag (1)

Wie Dienstag, 40-60 Minuten.

Freitag (3)

Alternatives Training, wie Montag, 60 Minuten.

Samstag (3)

Sie können an diesem Tag aussetzen, wenn Sie wollen. Da es der Tag vor Ihrer langen Einheit ist, ist es am besten, wenn Sie sich nur ganz leicht belasten, wenn Sie überhaupt trainieren. Eine kurze, leichte Walking-Einheit wäre z. B. ganz gut, aber Sie brauchen auf jeden Fall ausgeruhte Muskeln für Ihre lange Einheit.

Wie viel Walking und wie viel Laufen?

Befolgen Sie die Richtlinien im Kapitel zur Galloway-Lauf-Walking-Methode (Kap. 9) und im Kapitel „Erfolgreiches Lauftraining" (Kap. 5). Zu Anfang werden Sie einige Minuten laufen und dann 1-2 Minuten gehen. Ganz allmählich steigern Sie den Laufumfang. Gehen Sie nicht zu schnell vor. Es wäre besser, ein Lauf-Walking-Verhältnis zu wählen, das Ihnen zu leicht fällt.

10.000 Schritte mehr pro Tag an lauffreien Tagen/6.000 Schritte mehr an Lauftagen

Ein Pedometer oder ein Schrittzähler kann Ihr Leben verändern. Dieses Gerät motiviert Sie dazu, mehr Schritte pro Tag zu absolvieren. Es gibt Ihnen auch das Gefühl der Kontrolle über Ihren eigenen Kalorienverbrennungsprozess.

Wenn Sie sich erst einmal das Ziel gesetzt haben, mehr als 10.000 Schritte bei Ihren Alltagsaktivitäten zu absolvieren, werden Sie feststellen, dass Sie öfter von Ihrem Stuhl aufstehen, weiter weg vom Supermarkt parken, um den Kinderspielplatz herumwandern usw.

Pedometer sind normalerweise etwa 2,5 x 2,5 cm groß und lassen sich an Ihrem Gürtel oder an Ihrer Tasche befestigen. Die preisgünstigeren Modelle zählen nur Ihre Schritte und das ist eigentlich auch schon alles, was Sie brauchen.

Andere Modelle errechnen die zurückgelegten Kilometer und die verbrannten Kalorien. Ich empfehle, dass Sie sich ein Markengerät kaufen. In Tests maßen die preisgünstigeren Modelle 3-4 x so viele Schritte wie die Markenmodelle – obwohl dieselbe Strecke zurückgelegt wurde.

LAUFEN – DER PERFEKTE EINSTIEG

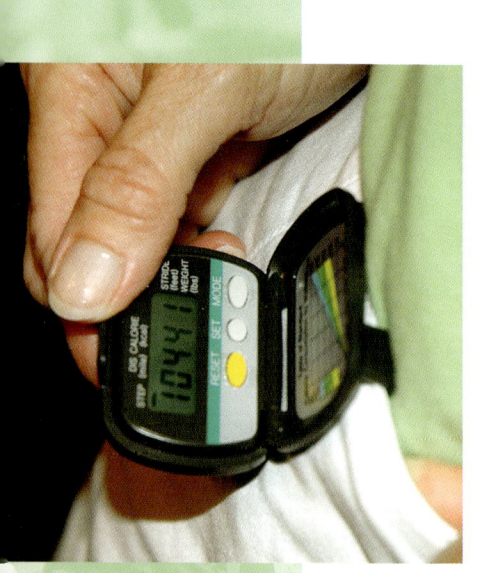

Ihr Ziel besteht darin, an Ihren lauffreien Tagen zusätzlich 10.000 Schritte zu Hause, bei der Arbeit, beim Einkaufen, beim Warten auf die Kinder usw. zu absolvieren und 6.000 zusätzliche Schritte an Ihren Lauftagen. Das ist durchaus zu schaffen.

Sie werden im Tagesverlauf sehr viele „Zeittaschen" finden, während derer Sie nur herumsitzen oder -stehen. Wenn Sie diese Lücken benutzen, um zusätzliche Schritte zu absolvieren, werden Sie Fett verbrennen und sich besser fühlen. Sie bringen auf diese Weise sehr viel Bewegung in Ihr Leben.

Um die Abendessenszeit herum sollten Sie einen „Schrittcheck" vornehmen. Wenn Sie noch keine 10.000 (oder 6.000 Schritte) absolviert haben, sollten Sie nach dem Abendessen einige zusätzliche Runden um den Block gehen. Sie müssen bei diesen Schrittzahlen nicht aufhören. Wenn Sie damit erst einmal angefangen haben, werden Sie noch viele andere Gelegenheiten zum Gehen finden ... und Fett verbrennen.

15-30 Pfund Fett ... verschwunden

Je nachdem, wie häufig Sie das Folgende jede Woche umsetzen, haben Sie jeden Tag einige Gelegenheiten, ein wenig Fett hier und ein wenig Fett dort zu verbrennen.

Es handelt sich dabei um lockere Belastungen, bei denen Sie weder müde werden noch Beschwerden entstehen, aber am Ende des Jahres addiert sich wirklich alles zusammen:

LAUFEN – DER PERFEKTE EINSTIEG

PFUND PRO JAHR	AKTIVITÄT
1-2 Pfund	Wenn Sie die Treppe statt den Aufzug benutzen.
1-2 Pfund	Wenn Sie während der Arbeit häufig Ihren Stuhl verlassen und den Flur entlanggehen.
1-2 Pfund	Wenn Sie zu Hause vom Sofa aufstehen und sich im Haus bewegen (aber nicht, um sich Kartoffelchips zu holen).
1-2 Pfund	Wenn Sie weiter weg vom Supermarkt oder dem Einkaufszentrum parken.
1-3 Pfund	Wenn Sie weiter weg von Ihrem Arbeitsplatz parken.
2-4 Pfund	Wenn Sie um den Kinderspielplatz oder den Sportplatz herumwandern (und die Kinder jagen).
2-4 Pfund	Wenn Sie die Wartehalle auf- und abwandern, während Sie auf Ihren nächsten Flug warten.
3-9 Pfund	Wenn Sie jeden Tag mit dem Hund gehen.
2-4 Pfund	Wenn Sie nach dem Abendessen einige Runden um den Block drehen.
2-4 Pfund	Wenn Sie in der Mittagspause während der Arbeit einige Runden um den Block drehen.
2-4 Pfund	Wenn Sie im Einkaufszentrum, Supermarkt usw. eine Extrarunde drehen, um nach Sonderangeboten Ausschau zu halten.
Insgesamt:	18-40 Pfund pro Jahr

15 Pfund Fett pro Jahr mehr verbrannt

Indem Sie Zeitabschnitte nutzen, während derer Sie normalerweise nur kleine Spielräume besitzen, können Sie Ihre Fettverbrennung fördern, ohne zusätzliche Müdigkeit zu erzeugen:

- Reduzieren Sie das Tempo und gehen Sie bei jedem Lauf 1,5 km mehr.
- Gehen Sie während der Mittagszeit 1,5 km.
- Laufen Sie vor oder nach dem Abendessen 1,5 km.

15 Optimale Fettverbrennung

Es ist entscheidend für Ihre Körperfettreduzierung, dass Sie Kontrolle über Ihre Kalorienaufnahme gewinnen. Läufer beklagen sich häufig, dass Sie kein Gewicht verlieren, obwohl sie ihren Trainingsumfang erhöht und ihre Crosstrainingseinheiten pflichtgemäß absolviert haben. In jedem Fall stellte sich bei Nachfragen heraus, dass sie die Kalorien, die sie aufnahmen, nicht kontrollierten, und beim Quantifizieren der Essensmenge zeigte sich, dass alle mehr aßen, als sie gedacht hatten. Im Folgenden bringe ich Ihnen Methoden näher, Ihre Ernährung um 10 und mehr Pfund zu reduzieren – ohne Hunger zu leiden.

Kalorien- und Ernährungsbilanz

Die beste Unterstützung, die ich gefunden habe, um die Nahrungsaufnahme zu kontrollieren, ist eine gute Website oder ein Softwareprogramm. Es gibt zahlreiche solcher Hilfsmittel, die Ihnen helfen, Ihre Kalorienbilanz (d. h. die verbrannten Kalorien im Vergleich zu den aufgenommenen Kalorien) ins Gleichgewicht zu bringen. Die meisten verlangen, dass Sie Ihr tägliches Training und das, was Sie essen, aufschreiben. Am Ende des Tages können Sie eine Berechnung der Kalorien und der Nährstoffe abrufen. Wenn Sie zu wenig Vitamine oder Mineralien oder Proteine usw. zu sich genommen haben, können Sie nach dem Abendessen noch etwas essen oder eine Vitamintablette nehmen.

Einige Programme teilen Vegetariern mit, ob sie genügend vollständige Proteine gegessen haben, weil dieser Nährstoff in Gemüse und Obst nur unzureichend enthalten ist. Wenn Sie von einem Nährstoff zu wenig erhalten haben, können Sie am selben Abend oder anderen Morgen noch etwas tun, um dieses Defizit auszugleichen. Wenn Sie zu viele Kalorien zu sich genommen haben, sollten Sie nach dem Abendessen noch etwas walken oder die Trainingseinheiten des folgenden Tages etwas länger gestalten oder die Kalorienaufnahme reduzieren oder beides tun.

Ich empfehle Ihnen nicht, sich von irgendeiner Website Ihre Ernährung bis zum Ende Ihrer Tage kontrollieren zu lassen. Zunächst ist es hilfreich, wenn Sie die Website täglich 1-2 Wochen lang einsetzen. Während dieser Zeit erkennen Sie Muster und werden feststellen, in welchen Bereichen Sie Nahrungsergänzung benötigen und wo Sie Abstriche machen müssen. Machen Sie dann alle 2-3 Wochen für jeweils 2-3 Tage eine Stichprobenkontrolle. Einige Personen benötigen mehr Stichprobenkontrollen als andere. Wenn Sie motivierter sind, die richtige Nahrung und die richtigen Nahrungsmengen zu sich zu nehmen, wenn Sie sich jeden Tag einloggen, dann sollten Sie das tun.

Eine Liste der Websites finden Sie auf meiner Website: **www.jeffgalloway.com**. Wählen Sie mehrere aus, bevor Sie sich entscheiden.

Eine Portion Essen weist ungefähr die Größe einer Faust auf.

Führen Sie Buch über Ihr Essverhalten

Unabhängig davon, ob Sie eine Website verwenden oder nicht, es bringt Vorteile, wenn Sie das, was Sie täglich essen, eine Woche lang aufzeichnen. Benutzen Sie ein kleines Notizbuch und, wenn nötig, eine kleine Waage. Wenn die Leute das, was sie essen, aufzeichnen, sind sie fast immer überrascht über die Anzahl von Kalorien, die sie verzehren. Der Fettgehalt stellt häufig eine weitere Überraschung dar. In vielen Nahrungsmitteln ist das Fett so gut versteckt, dass Sie nicht bemerken, wie viel Sie davon essen.

Nachdem Sie diese Übung einige Tage lang gemacht haben, werden Sie beginnen, die Menge, die Sie bei jeder Mahlzeit zu sich nehmen, anzupassen. Sie sind dabei, die Kontrolle zu gewinnen! Viele Läufer haben mir gesagt, dass sie die erste Woche des Eintragens gehasst hätten, dass es ihnen danach aber zur Routine geworden sei. Wenn Sie sich erst einmal daran gewöhnt haben, wird Ihnen bewusst werden, was Sie in Ihren Mund stecken, und Sie werden für Ihr Essverhalten die Verantwortung übernehmen.

Essen Sie alle zwei Stunden

Wie bereits im vorangegangenen Kapitel erwähnt, fasst Ihr Körper, wenn Sie über drei Stunden nichts mehr gegessen haben, dies als ein Signal dafür auf, dass Sie hungern, und er wird den Stoffwechselumsatz verlangsamen, wobei die Produktion fettspeichernder Enzyme gleichzeitig steigt. Das bedeutet, dass Sie nicht so viele Kalorien wie normalerweise verbrennen, dass Sie weder geistig noch körperlich voll leistungsfähig sind und dass ein größerer Anteil Ihrer nächsten Mahlzeit als Fett gespeichert wird.

Wenn der Hungerreflex nach drei Stunden einsetzt, können Sie ihn überlisten, indem Sie alle zwei Stunden etwas essen. Eine Person, die jetzt 2-3 x pro Tag isst, kann 8-10 Pfund zusätzlich verbrennen, wenn Sie 8-10 x pro Tag etwas isst. Dabei wird davon ausgegangen, dass täglich die gleiche Kalorienmenge in den gleichen Nahrungsmitteln aufgenommen wird.

Schwere Mahlzeiten machen Sie langsam

Schwere Mahlzeiten bedeuten eine große Belastung für das Verdauungssystem. Blut wird auf den langen und verschlungenen Darm und den Magen verteilt. Auf Grund dieser Belastung tendiert der Körper dazu, die Durchblutung anderer Körperbereiche zu drosseln, was dazu führt, dass Sie sich lethargischer und müder fühlen.

Kleine Mahlzeiten machen Sie schneller

Kleinere Nahrungsmengen können normalerweise schnell verarbeitet werden, ohne das Verdauungssystem zu belasten. Jedes Mal, wenn Sie eine kleine Mahlzeit oder einen Snack zu sich nehmen, beschleunigt sich Ihr Stoffwechsel. Ein mehrmals über den Tag beschleunigter Stoffwechsel bedeutet verbrannte Kalorien.

Der Sollwert sinkt

Wenn Sie länger als drei Stunden zwischen den Mahlzeiten warten, löst der Sollwert den Hungerreflex aus. Wenn Sie allerdings alle 2-3 Stunden etwas essen, wird der Sollwert auf Grund der regelmäßigen Nahrungszufuhr nicht aktiviert. Daher brauchen die fettspeichernden Enzyme nicht stimuliert zu werden.

Die Motivation nimmt zu, wenn Sie öfter essen

Der häufigste Grund für eine niedrige Motivation am Nachmittag, den ich finden konnte, besteht darin, dass man tagsüber nicht regelmäßig genug isst. Wenn Sie vier Stunden oder länger nichts mehr gegessen und Sie am selben Nachmittag einen Lauf geplant haben, werden Sie sich auf Grund des geringen Blutzuckerspiegels und der niedrigen Stoffwechselaktivität nicht sehr motiviert fühlen. Selbst wenn Sie nichts Vernünftiges gegessen haben und sich nicht motiviert fühlen, können Sie sich für eine Lauf-Walking-Einheit bereitmachen, indem Sie 30-60 Minuten vor der Belastung einen Imbiss zu sich nehmen. Ein faserhaltiger Energieriegel mit einer Tasse Kaffee (Tee, Diätgetränk) beseitigt die schlechte mentale Einstellung. Aber Sie können diese Situation vermeiden, indem Sie alle 2-3 Stunden essen.

Vorteile kleiner Mahlzeiten

Die Anzahl der Kalorien, die Sie tagsüber zu sich nehmen, lässt sich reduzieren, indem Sie Nahrungsmittel und Nahrungsmittelkombinationen wählen, die Sie länger satt halten. Zucker ist das größte Problem bei der Kalorienkontrolle und beim Stillen des Hungers. Wenn Sie ein zuckerhaltiges Getränk trinken, wird der Zucker schnell verarbeitet und Sie sind häufig innerhalb von 30 Minuten schon wieder hungrig – selbst wenn Sie sehr viele Kalorien konsumiert haben. Dies führt normalerweise zu zwei unerwünschten Ergebnissen:

1. Sie essen noch mehr, um Ihren Hunger zu stillen.
2. Sie bleiben hungrig und lösen damit den Hungerreflex aus.

Finden Sie die richtige Kombination von Nahrungsmitteln und nehmen Sie diese in kleinen Mahlzeiten auf, die Sie 2-3 Stunden lang satt halten. Essen Sie dann einen weiteren Imbiss, der das Gleiche bewirkt. Sie werden immer mehr Nahrungsmittelkombinationen finden, die wahrscheinlich weniger Kalorien enthalten, Sie aber bis zu Ihrem nächsten Snack sättigen.

LAUFEN – DER PERFEKTE EINSTIEG

Nährstoffe, die Sie länger sättigen

Fett

Fett sättigt bereits nach einer kleinen Mahlzeit, weil es die Verdauung verlangsamt. Hier reichen schon geringe Mengen für eine relativ lange Zeit. Wenn der Fettgehalt einer Mahlzeit mehr als 30 % beträgt, fühlen Sie sich auf Grund der schwereren Verdaubarkeit des Fetts sehr müde. Während bis zu 18 % der im Fett enthaltenen Kalorien Ihren Hunger im Zaum halten, verzögert sehr viel Fett den Start des Fettverbrennungsprogramms. Fett wird automatisch in Ihrem Körper gespeichert. Nichts davon wird zur Energiegewinnung gebraucht. Wenn Sie eine fettreiche Mahlzeit zu sich nehmen, können Sie sich das darin enthaltene Fett genauso gut direkt in Ihre Hüft- oder Bauchregion injizieren. Das Fett, das Sie als Brennstoff verbrennen, muss aus dem gespeicherten Fett in Ihrem Körper abgebaut werden. Es hilft also, wenig Fett zu essen, aber die Aufnahme von viel Fett bedeutet auch mehr Fett an Ihrem Körper.

Es gibt zwei Arten von Fett, die eine Verengung der rund ums Herz zum Gehirn führenden Arterien bewirken, wie inzwischen wissenschaftlich bewiesen wurde: gesättigte Fette und Transfettsäuren. Mono- und ungesättigte Fette, die aus Gemüse hergestellt werden, sind in der Regel gesund – Olivenöl, Nüsse, Avocado, Distelöl. Einige Fischöle enthalten Omega-3-Fettsäuren, von denen sich herausgestellt hat, dass sie eine Schutzfunktion für das Herz haben. Das Öl vieler Fische hat keine solche Schutzwirkung.

Schauen Sie sich die Etiketten der Lebensmittel genau an, denn viele Nahrungsmittel enthalten zu Transfettsäuren verarbeitete Pflanzenöle. Auch sehr viele Backwaren und andere Nahrungsmittel enthalten Transfettsäuren. Es ist hilfreich, die Etiketten zu prüfen oder bei Ernährungsberatungsstellen anzurufen und sich nach Nahrungsmitteln zu erkundigen, deren Fettzusammensetzung sich nicht ändert oder die betreffenden Nahrungsmittel ganz zu meiden.

Eiweiß – mageres Eiweiß ist am besten

Diesen Nährstoff benötigt der Körper jeden Tag, um die Muskeln, die kontinuierlich abgebaut werden oder sich durch Abnutzung verschleißen, wieder aufzubauen. Noch nicht einmal Läufer, die hohe Kilometerumfänge bewältigen, müssen wesentlich mehr Eiweiß zu sich nehmen als nichtsporttreibende Personen. Wenn Läufer jedoch ihre normale Eiweißmenge nicht erhalten, spüren sie mehr Beschwerden und ihre Leistungsfähigkeit lässt schneller nach als bei anderen Menschen.

Wenn Sie mit jeder Mahlzeit Eiweiß aufnehmen, erreichen Sie für eine längere Zeit ein Sättigungsgefühl. Wenn Sie allerdings mehr Eiweiß aufnehmen, als Sie benötigen, wird es zu einer Umwandlung dieses Eiweißes in Fett kommen.

Seit einiger Zeit sind Sportgetränke erhältlich, die mit Proteinen angereichert sind. Wenn man einen Drink mit 80 % Kohlenhydraten und 20 % Eiweiß 30 Minuten vor dem Start eines Laufs zu sich nimmt, wird das Glykogen besser aktiviert und die Energie wird schneller und optimaler bereitgestellt. Es wurde auch gezeigt, dass man durch die Zufuhr eines Getränks, das über dasselbe Verhältnis verfügt, innerhalb von 30 Minuten nach Beendigung eines Laufs eine bessere Regeneration der Muskulatur erreicht.

Die Vorteile komplexer Kohlenhydrate

Bei Nahrungsmitteln wie Sellerie, Bohnen, Kohl, Spinat, Vollkornmüsli usw. können bis zu 25 % der Kalorien bei der Verdauung verbrannt werden. Im Gegensatz zu Fett (das unmittelbar nach dem Verzehr in Ihrem Körper gespeichert wird), werden nur die überzähligen Kohlenhydrate zu Fett verarbeitet. Nach dem Abendessen haben Sie z. B. Gelegenheit, den tagsüber angesammelten Überschuss zu verbrennen.

Fett + Eiweiß + komplexe Kohlenhydrate = die ideale Kombination

Wenn Sie einen Imbiss verzehren, der eine Vielfalt der oben genannten Faktoren enthält, verlängert sich die Zeit, während der Sie sich satt fühlen – selbst nach einigen sehr kleinen Mahlzeiten. Diese drei Stoffe benötigen mehr Zeit zu ihrer Verdauung und halten daher die Stoffwechselrate hoch.

Andere wichtige Nahrungsmittel ...
Fasern

Wenn die Nahrung faserhaltig ist, wird die Verdauung verlangsamt und das Gefühl der Sättigung hält länger an. Lösliche Fasern, wie Haferkleie, scheinen ein längeres Sättigungsgefühl zu erzeugen als unlösliche Fasern, wie z. B. Weizenkleie. Aber grundsätzlich ist jede Art von Fasern in dieser Hinsicht nützlich.

Empfohlene Prozentsätze der drei Nahrungsstoffe:

Zu diesem Thema gibt es unterschiedliche Meinungen. Im Folgenden finden Sie die Angaben der Topernährungsspezialisten, deren Bücher ich gelesen und die ich befragt habe. Angegeben sind die täglichen Prozentwerte in Bezug zu den pro Tag verzehrten Gesamtkalorien.

Eiweiß: zwischen 20 % und 30 %
Fett: zwischen 15 % und 25 %
Kohlenhydrate: der Rest – möglichst in Form komplexer Kohlenhydrate.

Einfache Kohlenhydrate bewirken eine Gewichtszunahme

Zu den einfachen Kohlenhydraten gehören die so genannten „Wohlfühlnahrungsmittel": Süßigkeiten, süße Backwaren, stärkehaltige Nahrungsmittel wie Kartoffelbrei und Reis, zuckerhaltige Getränke (einschließlich Fruchtsäfte und Sportgetränke) und die meisten Nachspeisen. Wenn Sie vorhaben, Fett zu verbrennen, müssen Sie die Mengen dieser Nahrungsmittel minimieren.

Der Zucker in diesen Nahrungsstoffen wird so schnell verdaut, dass das Sättigungsgefühl nach dem Verzehr nur kurz anhält. Oft führt ihr Verzehr dazu, dass Sie immer mehr davon essen wollen. Geben Sie diesem Drang nicht nach, lösen Sie den Hungerreflex aus. Weil diese Nahrungsmittel so schnell verarbeitet werden, werden Sie relativ schnell wieder hungrig und Sie werden essen. Dies führt zur Anhäufung zusätzlicher Kalorien, die sich am Abend als Fett ablagern.

Wie bereits im letzten Kapitel erwähnt, ist es keine gute Idee, diese Nahrungsmittel komplett zu streichen und sich zu sagen: „Ich werde nie mehr davon essen." Dies löst die Hungerreflex-Zeitbombe aus. Essen Sie weiterhin geringe Mengen der Nahrungsmittel, die Sie wirklich mögen, und kultivieren Sie gleichzeitig den Genuss von faserhaltigen Nahrungsmitteln, die nur wenig oder gar keinen raffinierten Zucker oder Stärke enthalten.

LAUFEN – DER PERFEKTE EINSTIEG

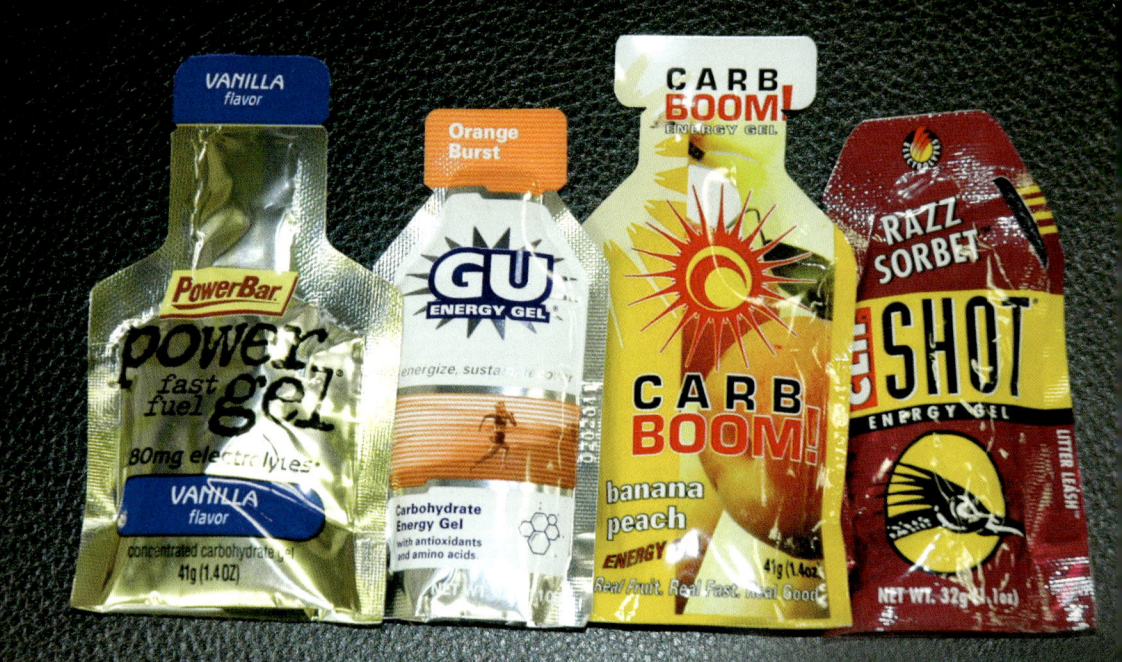

16 Der Einfluss der Blutzuckerkonzentration auf die Motivation

Ihre Blutzuckerkonzentration (BZK) bestimmt, wie gut Sie sich fühlen. Wenn die BZK sich auf einem guten, mäßigen, regulären Niveau befindet, fühlen Sie sich gut, stabil und motiviert. Wenn Sie zu viel Zucker essen, kann Ihre BZK zu sehr ansteigen. Sie fühlen sich für eine Weile wirklich gut, aber die übermäßige Zuckerzufuhr löst eine Insulinausschüttung aus, die den BZK nach unten drückt. In diesem Zustand sind Sie energielos, unkonzentriert und Ihre Motivation sinkt rapide.

Wenn Sie Ihre BZK den Tag über stabil halten, steigt die Motivation zum Training und Sie bleiben in Bewegung. Sie haben eine positivere mentale Einstellung und sind eher in der Lage, mit Stress umzugehen und Probleme zu lösen. So wie das Essen tagsüber den Stoffwechsel hochhält, so sorgt die kontinuierliche Zufuhr von ausgewogenen Nährstoffen für eine stabile BZK.

Wenn sich Ihre BZK nicht im Gleichgewicht befindet, geschieht Folgendes: Eine niedrige Konzentration bedeutet eine Belastung für das System und bringt Sie durcheinander. Ihr Gehirn ist auf Blutzucker angewiesen und wenn die Versorgung abnimmt, steigt Ihr mentaler Stresspegel.

Wenn Sie mehrere Stunden lang vor einer Lauf-Walking-Einheit nichts gegessen haben, vermittelt Ihnen Ihr gestresstes Gehirn den Eindruck, dass Sie keine Energie für das Training haben, dass es wehtun wird, und viele ähnliche Informationen.

Wenn Sie einen Imbiss zu sich zu nehmen, der aus Kohlenhydraten und zu 20 % aus Proteinen besteht, sorgt diese Nahrungsaufnahme dafür, dass Sie sich gut fühlen und Ihr Training beginnen. Einen Imbiss als BZK-Antriebsmittel bereitzuhalten, entscheidet häufig darüber, ob Sie nach draußen gehen, um zu laufen, oder nicht.

LAUFEN – DER PERFEKTE EINSTIEG

Die BZK-Achterbahn

Wenn Sie einen Imbiss zu sich nehmen, der zu viele Kalorien in Gestalt einfacher Kohlenhydrate enthält, wirkt dies negativ auf die Aufrechterhaltung der BZK. Wie oben erwähnt, produziert Ihr Körper Insulin, wenn die Zuckerkonzentration zu sehr ansteigt, was dazu führt, dass die BZK stärker sinkt als zuvor. Die Tendenz besteht dann darin, wieder zu essen, was eine übermäßige Aufnahme von Kalorien bedeutet, die in Fett verwandelt werden. Wenn Sie jedoch nichts essen, werden Sie hungrig bleiben und sich ziemlich schlecht fühlen – jedenfalls sind Sie dann nicht in der Stimmung, um zu trainieren, sich zu bewegen oder Ihren täglichen Lauf zu absolvieren, womit Sie Kalorien verbrennen würden.

Alle 2-3 Stunden etwas zu essen, ist am besten

Wenn Sie erst einmal herausgefunden haben, welche Snacks sich am besten eignen, um eine hohe BZK zu gewährleisten, gelingt es den meisten Menschen am ehesten, eine stabile BZK zu halten, vorausgesetzt, Sie nehmen regelmäßig, d. h. alle 2-3 Stunden, kleine Mahlzeiten zu sich. Wie bereits im vorangegangenen Kapitel erwähnt, ist es am besten, komplexe Kohlenhydrate mit Proteinen und einer geringen Menge Fett zu kombinieren.

Muss ich vor dem Laufen etwas essen?

Nur wenn Ihre BZK niedrig ist. Die meisten, die morgens eine Lauf-Walking-Einheit absolvieren, müssen vor dem Start nichts essen. Wie oben erwähnt, kann ein Snack, der eine halbe Stunde vor dem Laufen verzehrt wird, hilfreich sein, wenn Ihre BZK am Nachmittag niedrig ist und Sie einen Lauf geplant haben. Wenn Sie das Gefühl haben, dass ein morgens verzehrter Snack helfen wird, ist das Einzige, was Sie beachten müssen, dass Sie nicht so viel essen dürfen, bis Sie Magenprobleme bekommen.

Um beste Ergebnisse zu erzielen, wenn Ihre BZK (30 Minuten vor einem Lauf) niedrig ist, sollte ein Snack 80 % Kalorien in Form einfacher Kohlenhydrate enthalten und 20 % Protein. Dies fördert die Insulinproduktion, die vor einem Lauf dazu beiträgt ist, das Glykogen in Ihren Muskeln zu aktivieren. Wenn Sie einen Energieriegel mit einem Kohlenhydrat-Protein-Verhältnis von 80 % zu 20 % verzehren, müssen Sie darauf achten, 0,17-0,23 l Wasser dazu zu trinken.

Essen während des Trainings

Die meisten Sportler brauchen sich keine Gedanken darüber zu machen, dass Sie während einer Lauf-Walking-Einheit etwas essen oder trinken müssen, solange die Einheit nicht länger als 90 Minuten ist. An diesem Punkt gibt es einige Wahlmöglichkeiten. In jedem Fall sollten Sie warten, bis Sie sich 40 Minuten lang belastet haben, ehe Sie mit dem Essen anfangen.

Gu- oder Gelprodukte werden in kleinen Packungen angeboten und ähneln in ihrer Konsistenz Honig oder Sirup. Die beste Methode, sie zu verzehren, besteht darin, 1-2 Packungen in eine kleine Plastikflasche mit einem herausziehbaren Verschluss zu füllen. Alle 10-15 Minuten nehmen Sie dann eine kleine Menge zu sich mit 1-2 Schlucken Wasser.

Energieriegel – sollten Sie in 8-10 Stücke schneiden und alle 10-15 Minuten ein Stück zusammen mit einigen Schlucken Wasser verzehren.

Süßigkeiten – besonders gut sind Gummibärchen oder Bonbons – hiervon sollten Sie normalerweise 1-2 Stück alle 10 Minuten verzehren.

Sportgetränke – da vielen, die diese Getränke während der Belastung zu sich nehmen, davon übel wird, gehören sie nicht zu meinen Topempfehlungen. Wenn Sie allerdings festgestellt haben, dass sie bei Ihnen keine negativen Begleiterscheinungen auslösen, sollten Sie sie genauso verwenden, wie Sie es immer getan haben.

Wiederauffüllung der Energiespeicher – 30 Minuten nach Belastungsende

Wann immer Sie eine intensive oder lange Trainingseinheit beendet haben, verhilft Ihnen ein Snack, der Ihre Energiespeicher wieder auffüllt, zu einer schnelleren Erholung. Wiederum hat sich das 80/20-Verhältnis von Kohlenhydraten zu Proteinen für das erfolgreiche Wiederauffüllen der Muskelenergiespeicher bewährt.

17 Die Ernährung eines Sportlers

Eine radikale Änderung der Nahrungsmittel, die Sie verzehren, ist nicht notwendig und führt normalerweise zu Problemen. In diesem Kapitel stelle ich die wichtigsten Punkte vor, die Sie beachten sollten, damit Sie gesund und fit bleiben.

Wenn Sie regelmäßig Sport treiben, benötigen Sie nicht erheblich mehr Vitamine und Mineralien, Proteine usw. als ein Nichtsportler. Wenn in Ihrer Nahrung jedoch diese Stoffe mehrere Tage hintereinander nicht enthalten sind, werden Sie die Auswirkungen beim Sporttreiben spüren.

Der wichtigste Nährstoff: Wasser

Unabhängig davon, ob Sie Ihre Flüssigkeiten in Form von Wasser, Säften oder in anderer Form zu sich nehmen, sollten Sie auf jeden Fall regelmäßig über den Tag verteilt trinken. Unter normalen Bedingungen bietet Ihr Durstempfinden eine gute Orientierung für Ihre Flüssigkeitszufuhr. Ich werde Ihnen nicht erzählen, dass Sie acht Gläser Flüssigkeit pro Tag trinken müssen, da ich keine Untersuchungen kenne, die diese Behauptung stützen. Forscher, die sich mit diesem Thema beschäftigen, sagen mir, dass wissenschaftliche Ergebnisse darauf hindeuten, dass die Flüssigkeitskonzentration relativ schnell ausgeglichen wird, wenn man bei Durst regelmäßig trinkt.

Wenn Sie während Lauf- oder Walking-Einheiten Toilettenstopps einlegen müssen, ist dies normalerweise ein Zeichen dafür, dass Sie zu viel trinken – entweder vor oder während der Belastung. Während einer Trainingseinheit, die 60 Minuten lang oder kürzer ist, brauchen die meisten Sportler überhaupt nichts zu trinken. Die Aufnahme von Flüssigkeit vor der Belastung sollte so arrangiert werden, dass die übermäßige Flüssigkeit vor dem Training wieder ausgeschieden wird. Hier muss jeder für sich eine für ihn optimale Lösung finden.

Mediziner empfehlen, selbst während sehr langer Trainingseinheiten von über vier Stunden Dauer nicht mehr als 7 l Flüssigkeit aufzunehmen. Die meisten brauchen jedoch bei weitem nicht so viel.

Schwitzen Sie die Elektrolyte aus

Elektrolyte sind die Salze, die Ihr Körper beim Schwitzen verliert: Natrium, Kalium, Magnesium und Kalzium. Wenn die Konzentration dieser Mineralien zu sehr abnimmt, bricht das Flüssigkeitsübertragungssystem zusammen und die mit der Flüssigkeitsaufnahme verbundenen Kühleffekte versagen, es kommt zum Anschwellen der Hände und zu anderen Problemen. Den meisten Läufern gelingt es problemlos, diese Mineralien mit der normalen Ernährung zu ersetzen, wenn Sie jedoch während oder nach der Belastung regelmäßig an Krämpfen leiden, besteht die Gefahr, dass Ihr Natrium- oder Kaliumspiegel zu niedrig ist. Dann sollten Sie diese Defizite ausgleichen. Wenn Sie einen hohen Blutdruck haben, sollten Sie Ihren Arzt vor der Einnahme von Kochsalzpräparaten um Rat fragen.

Zusammenspiel von Nahrungsaufnahme und Belastung

- Sie brauchen vor einem Lauf nichts zu essen, es sei denn, Ihre BZK ist zu niedrig.

- Das Wiederauffüllen der Energiespeicher funktioniert am besten, wenn Sie innerhalb von 30 Minuten nach Beendigung eines Laufs essen (80 % Kohlenhydrate/20 % Proteine).

- Wenn Sie unmittelbar vor dem Start zu viel trinken oder essen, verhindert dies, dass Sie tief einatmen und führt möglicherweise zu Seitenstichen. Das Essen oder die Flüssigkeit in Ihrem Magen begrenzt die Aufnahme von Luft in Ihre Lunge und behindert das Zwerchfell.

- Wenn Sie am Ende Ihrer langen Läufe einen niedrigen Blutzuckerspiegel haben, sollten Sie etwas mitnehmen, mit dem Sie ihn wieder auffüllen können (diesbezügliche Vorschläge finden Sie im vorangegangenen Kapitel).

- Auf jeden Fall sollten Sie es vermeiden, eine reichhaltige Mahlzeit zu sich zu nehmen. Diejenigen, die behaupten, dass sie ihre Kohlenhydratspeicher auffüllen müssen, begründen damit nur ihr Verlangen, viel zu essen. Das Essen einer reichhaltigen Mahlzeit am Abend (oder am Tag) vor einem langen Lauf hat zur Folge, dass Sie dann sehr viel Nahrung in Ihrem Darm haben und Sie werden für eine lange Zeit „wie auf Eiern laufen". Verstehen Sie das Bild?

Wenn Sie viel schwitzen, sollten Sie täglich mehrere Gläser eines guten Elektrolytgetränks trinken.

Lauf-Walking-Ernährungsplan

- Eine Stunde vor einem morgendlichen Lauf: Trinken Sie entweder eine Tasse Kaffee oder ein Glas Wasser.
- Trinken Sie 30 Minuten vor jedem Lauf (im Falle eines niedrigen Blutzuckerspiegels) ein ca. 100 Kalorien enthaltendes Elektrolytgetränk.
- Nehmen sie innerhalb von 30 Minuten nach einem Lauf ca. 200 Kalorien eines Produkts aus 80 % Kohlenhydraten und 20 % Proteinen zu sich.
- Wenn Sie bei heißem Wetter viel schwitzen, trinken Sie 3-4 Gläser eines guten Elektrolytgetränks.

Vorschläge für Mahlzeiten

Frühstücksvorschläge
1. Getoastetes Vollkornbrot zusammen mit Fruchtjoghurt, Saft oder gefrorenem Fruchtkonzentrat als Sirup.
2. Vollkornpfannkuchen mit Obst und Joghurt.
3. Eine Schüssel Grapenuts, Magermilch, fettarmer Joghurt und Obst.

Vorschläge für das Mittagessen
1. Thunfischsandwich, Vollkornbrot, etwas fettarme Majonäse, Krautsalat (mit fettfreiem Dressing).
2. Putenbrustsandwich mit Salat, fettarmem Käse, Sellerie und Karotten.
3. Ein Gemüseburger auf Vollkornbrot, fettarme Majonäse, Salat nach freier Wahl.
4. Spinatsalat mit Erdnüssen, Sonnenblumenkernen, Mandeln, fettarmem Käse, fettfreiem Dressing, Vollkornbrötchen oder Croutons.

Vorschläge für das Abendessen
Was die Mahlzeit lebendig macht, sind die in den Rezepten aufgelisteten Gewürze. Sie können eine Vielzahl von Fettersatzstoffen verwenden.
1. Fisch oder magere Hähnchenbrust oder Tofu (oder eine andere Proteinquelle) mit Vollweizennudeln und gedämpftem Gemüse.
2. Reis mit Gemüse und eine Proteinquelle.
3. Tafelsalat mit vielen unterschiedlichen Gemüsesorten, Nüssen, Magerkäse oder Pute oder Fisch oder Hähnchen.

Ich empfehle das Buch von Georg Neumann: *Ernährung im Sport*.

# 18 Lauftechnik

Wenn Sie das Wesen des Laufens verstehen, verbessert sich auch Ihre Lauftechnik. Ich glaube, dass es sich beim Laufen um eine Aktivität handelt, bei der das Trägheitsmoment eine wichtige Rolle spielt. Das heißt, Ihre Aufgabe besteht einfach darin, den Schwung aufrechtzuerhalten. Zum Laufen braucht man sehr wenig Kraft. Die ersten Schritte setzen Sie in Bewegung und Ihre Aufmerksamkeit sollte darauf gerichtet sein, in Bewegung zu bleiben. Um die Ermüdung und die Beschwerden zu minimieren, arbeitet Ihr Körper intuitiv an einer Optimierung Ihrer Bewegungstechnik vor, sodass sich, wenn Sie mit dem Laufen jeden Tag, Monat für Monat weitermachen, Ihre Belastung minimiert.

Bei den Menschen kommt es zu vielen biomechanischen Anpassungen, die im Verlaufe von über einer Million Jahre des Gehens und Laufens immer effizienter geworden sind. Der anatomische Ursprung der Laufeffizienz bei Menschen liegt in der Kombination aus der Sprunggelenk- und der Achillessehnenaktivität. Es handelt sich hierbei um ein extrem ausgeklügeltes System aus Hebeln, Federn, Gleichgewichtseinrichtungen und vielem mehr – aus Hunderten erstaunlich gut koordinierter Komponenten. Biomechaniker glauben, dass dieser Grad der Entwicklung für das Gehen nicht erforderlich war. Als unsere Urahnen laufen mussten, um zu überleben, erreichte die Evolution ein neues Leistungsniveau.

Wenn wir die richtige Balance zwischen Walking und Laufen erreichen, reicht ein nur geringer Einsatz der Wadenmuskulatur aus, um eine fließende Vorwärtsbewegung aufrechtzuerhalten. Wenn Ihre Wadenmuskulatur kräftiger und ausdauernder wird, können Sie Kilometer um Kilometer zurücklegen, ohne dass Sie dies als große Belastung empfinden. Andere Muskelgruppen bieten ihre Unterstützung an und verfeinern den Bewegungsablauf. Wenn Sie Schmerzen und Beschwerden verspüren, die sich auf die Art, wie Sie laufen, zurückführen lassen, reduzieren Sie den Einsatz des Sprunggelenks und der Achillessehne, wodurch Sie häufig sehr schnell wieder das Gefühl von Geschmeidigkeit und Effizienz zurückgewinnen.

Effiziente Lauftechnik?

Es gibt vielleicht eine effizientere Lauftechnik für Sie, eine, die Ihren Beinen mehr Kraft gibt und die Beschwerden minimiert. Es ist jedoch eine Tatsache, dass die meisten Läufer nicht weit weg von diesem Zustand sind. Wiederholte Untersuchungen an Läufern haben gezeigt, dass die meisten ihrem Ideal sehr nahe kommen.

LAUFEN – DER PERFEKTE EINSTIEG

Ich glaube, dass dies an der Aktivität der rechten Gehirnhälfte liegt. Nach zehntausenden Schritten sucht sie nach dem effizientesten Muster der Füße, Beine und der Körperhaltung und kombiniert dieses in optimaler Art und Weise.

In meinen Laufschulen und Wochenendseminaren unterziehe ich jeden Läufer einer individuellen Technikanalyse. Nachdem ich über 10.000 Läufer analysiert habe, bin ich zu der Auffassung gelangt, dass die meisten sehr effizient laufen. Bei den Problemen handelt es sich selten um große Probleme – lediglich um eine Reihe kleiner Fehler. Indem sie einige geringfügige Anpassungen vornehmen, fühlen sich die meisten Läufer bei jedem Lauf besser.

DIE GROSSEN DREI:
Körperhaltung, Schritt und Abdruck

Bei diesen Beratungen habe ich auch entdeckt, dass, wenn Läufer Probleme haben, diese in drei Bereichen auftreten: Körperhaltung, Schritt und Abdruck. Diese Probleme sind in der Regel sehr individuell, sie treten meistens auf Grund von spezifischen Bewegungen in bestimmten Bereichen auf. Die Ursache der meisten Technikfehler ist Ermüdung. Ein etwas zu langer Schritt führt beispielsweise zu Ermüdung und dann, am Ende des Laufs, zu Schwäche. Da ein ermüdeter Körper nicht mehr stabil läuft, versuchen andere Muskelgruppen, den Körper zu stabilisieren, ohne dafür jedoch geschaffen zu sein.

Die Nachteile einer ineffizienten Technik

1. Die Ermüdung wird so stark, dass Sie viel länger brauchen, um sich zu erholen.
2. Die Muskeln werden so weit über ihre Grenzen hinaus belastet, dass sie überlastet werden und Verletzungen die Folge sind.
3. Die Folgen dieser Ermüdung sind so schwer wiegend, dass der Wunsch zu laufen, nachlässt, und es zu einem Burn-out kommt.

Fast jeder hat einige kleine Probleme. Es ist nicht notwendig, dass jeder versuchen sollte, eine perfekte Technik zu entwickeln. Wenn Sie sich jedoch Ihrer Technikprobleme bewusst werden und Veränderungen vornehmen, sodass sie weniger zu Beschwerden und Schmerzen führen, werden Sie fließender und schmerzfreier laufen und schnellere Zeiten erreichen. Dieses Kapitel hilft Ihnen zu verstehen, warum Schmerzen und Beschwerden auf Grund von Technikproblemen auftreten und welche Möglichkeiten Ihnen zur Verfügung stehen, sie zu reduzieren oder ganz zu beseitigen.

Ihr erster Technikcheck

In einigen meiner Seminare verwende ich eine Digitalkamera, die ein sofortiges Feedback ermöglicht. Wenn Sie eine derartige Kamera besitzen, sollten Sie einen Freund oder eine Freundin bitten, Sie beim Laufen auf flachem Untergrund zu fotografieren, und zwar von der Seite (nicht beim Laufen zur Kamera hin oder von der Kamera weg). Einige Läufer kontrollieren Ihre Technik, während Sie an Schaufensterscheiben vorbeilaufen. In den folgenden Abschnitten finden Sie Hinweise, worauf Sie achten müssen.

Wenn Sie sich entspannt fühlen, laufen Sie vermutlich mit der richtigen Technik

Insgesamt gesehen, muss das Laufen leicht fallen. Ihr Nacken, Rücken, Ihre Schultern und Beine sollten frei von Verspannungen sein. Eine gute Methode, Probleme zu korrigieren, ist die Veränderung der Haltung, der Fuß- oder Beinstellung usw., sodass das Laufen leichter fällt und Sie keine Verspannung oder Schmerzen spüren.

Haltung

Eine gute Laufhaltung ist eigentlich gleichbedeutend mit einer guten Körperhaltung. Der Kopf befindet sich im natürlichen Gleichgewicht über den Schultern, die sich auf einer Linie mit den Hüften befinden. Wenn der Fuß unter dem Körper aufsetzt, befinden sich diese Elemente allesamt im Gleichgewicht, sodass keine Energie nötig ist, um den Körper aufrecht zu halten. Sie sollten keine Arbeit leisten müssen, um Ihren Körper aus einer schwankenden, ineffizienten Bewegung herausreißen zu müssen.

Vorneigung

Haltungsfehler beruhen meist auf einer Vorbeugung des Oberkörpers – vor allem bei Müdigkeit. Der Kopf möchte sobald wie möglich das Ziel erreichen, aber die Beine können nicht schneller. In ihren ersten Rennen sind Anfänger oft diejenigen, bei denen der Kopf sich im wahrsten Sinne des Wortes vor dem Körper befindet, was zu mehr als nur ein paar Stürzen im Bereich der Ziellinie führt. Die Vorneigung führt häufig dazu, dass sich die Müdigkeit, Übersäuerung und Verspannung im Bereich der Lendenwirbelsäule oder des Nackens konzentrieren.

Alles beginnt mit dem Kopf. Wenn die Nackenmuskeln entspannt sind, befindet der Kopf sich normalerweise in einer natürlichen Position. Wenn der Nacken nach dem Laufen verspannt ist oder schmerzt, ist das in der Regel ein Zeichen dafür, dass der Kopf zu weit vorgeneigt wurde. Dies führt zu einem Ungleichgewicht des gesamten Oberkörpers, wobei der Kopf und Brustkorb sich etwas vor den Hüften und Füßen befinden. Bitten Sie einen Laufkameraden, Ihnen zu sagen, wann Ihr Kopf sich zu weit vorne befindet oder nach unten geneigt ist. Die ideale Position des Kopfs ist meist aufrecht, wobei Ihr Blick auf einen Punkt etwa 30-40 m vor Ihnen gerichtet sein sollte.

Sitzhaltung

Die Hüften gehören ebenfalls zu den Problembereichen, die bei Läufern „aus der Linie geraten können". Bei einem Läufer mit diesem Problem befindet sich, von der Seite betrachtet, das Gesäß hinter dem übrigen Körper. Wenn die Beckenregion nach hinten verschoben wird, sind die Beine nicht in der Lage, ihren vollen Bewegungsumfang zu nutzen und die Schrittlänge reduziert sich.

Dies führt zu einer Verringerung des Lauftempos, auch wenn der Einsatz beträchtlich ist. Viele Läufer neigen dazu, bei nach hinten verlagerten Hüften härter mit den Fersen aufzusetzen.

Eine Neigung des Körpers nach hinten kommt selten vor

Es kommt selten vor, dass Läufer sich beim Laufen nach hinten neigen, aber es geschieht. Meiner Erfahrung nach liegt das normalerweise an einem strukturellen Problem im Bereich der Wirbelsäule oder der Hüften. Wenn Sie sich beim Laufen nach hinten neigen und Schmerzen im Bereich der Halswirbelsäule, des Rückens oder der Hüften auftreten, sollten Sie einen Arzt aufsuchen.

Korrektur: „Sich wie eine Marionette bewegen"

Die beste mir bekannte Korrektur von Haltungsproblemen bietet mentales Training: Stellen Sie sich vor, Sie seien eine Marionette. Wie eine Puppe hängen Sie mit dem Kopf und beiden Schultern an Fäden – Ihr Kopf befindet sich über den Schultern, Ihre Hüfte befindet sich auf einer Linie darunter und die Füße berühren ganz natürlich und nur leicht den Boden. Die Vorstellung, sich wie eine Marionette zu bewegen, hilft bei der Korrektur des Laufstils.

In Kombination hiermit sollte tief geatmet werden. Etwa alle 4-5 Minuten, als Auftakt eines Laufabschnitts nach einer Gehpause, atmen Sie tief ein, richten sich auf und sagen sich: „Ich bin eine Marionette." Stellen Sie sich dann vor, dass Sie keine Energie aufbringen müssen, um diese aufrechte Haltung beizubehalten, weil die oben befestigten Fäden Sie in der Spur halten. Wenn Sie dies in regelmäßigen Abständen wiederholen, verbessern Sie Ihre Körperhaltung und arbeiten daran, dieses Verhalten zur Gewohnheit zu machen.

Eine aufrechte Haltung erlaubt Ihnen nicht nur, entspannt zu bleiben, sondern Sie verlängern wahrscheinlich auch Ihre Schrittlänge. Wenn Sie sich nach vorne neigen, reduzieren Sie Ihre Schrittlänge, um das Gleichgewicht zu halten. Wenn Sie sich aufrichten, erhalten Sie einen Schrittbonus von etwa 2,5 cm, ohne dass Sie dafür mehr Energie aufbringen müssten.

Verbesserung der Atmung

Die Atmung verbessert sich, wenn Sie sich aufrichten. Ein nach vorne geneigter Körper nutzt die unteren Lungenbereiche nur ungenügend. Dies kann zu Seitenstichen führen. Wenn Sie mit aufgerichtetem Körper laufen, füllen sich die unteren Lungenbereiche ausreichend mit Luft, sie können den Sauerstoff besser absorbieren und das Risiko von Seitenstichen nimmt ab.

Füße dicht am Boden

Der effizienteste Schritt ist eine Art Schlurfschritt – bei dem die Füße dicht am Boden bewegt werden. Es reicht aus, wenn Sie Ihren Fuß hoch genug anheben, um nicht über einen Stein oder auf unebenem Boden zu stolpern. Die meisten Läufer brauchen nicht mehr als einen Abstand von 2,5 cm vom Boden.

Ihr Sprunggelenk wirkt in Kombination mit Ihrer Achillessehne als Feder und bewegt Sie bei jedem Schritt nach vorne. Wenn Sie dicht am Boden bleiben, ist sehr wenig Energie erforderlich. Diese „Schlurf"-Technik automatisiert das Laufen. Ein häufiger Technikfehler bei Läufern besteht darin, sich zu sehr vom Boden abzudrücken. Dazu ist zusätzliche Energie notwendig, die dazu dient, den Körper vom Boden abzuheben. Sie können sich das als Energie vorstellen, die in der Luft vergeudet wird – Energie, die dazu dienen könnte, 1-3 Kilometer mehr zu laufen.

Die andere negative Kraft, mit der ein höherer Abdruck bestraft wird, ist die Schwerkraft. Je höher Sie sich abdrücken, desto härter fallen Sie wieder auf den Boden. Jeder zusätzliche Abdruck vom Boden bedeutet

LAUFEN – DER PERFEKTE EINSTIEG

eine höhere Belastung für die Füße und Beine – was bei langen Läufen zu Beschwerden, Schmerzen und Verletzungen führt.

Die Alternative: leichtes Berühren

Der ideale Fußaufsatz sollte so leicht sein, dass Sie gar nicht spüren, wie Sie sich abdrücken oder landen. Dies bedeutet, dass Ihr Fuß dicht am Boden bleibt und eine effiziente und natürliche Bewegung durchführt. Statt zu versuchen, die Schwerkraft zu überwinden, sollten Sie sich mit ihr im Einklang bewegen.

Eine Übung zum Erlernen des „leichten Fußabdrucks" sieht folgendermaßen aus: Im mittleren Abschnitt eines Laufs stoppen Sie Ihre Zeit für 20 Sekunden. Konzentrieren Sie sich auf einen Aspekt: den Boden so leicht zu berühren, dass Sie Ihre Füße nicht hören. Ohrenstöpsel sind hierbei nicht erlaubt. Stellen Sie sich vor, Sie liefen über dünnes Eis oder über heiße Kohlen.

Absolvieren Sie diese 20 Sekunden dauernde Übung zur Verbesserung Ihres Fußabdrucks einige Male und Sie bemerken den Fortschritt. Sie sollten eine nur sehr geringe Belastung Ihrer Füße bei dieser Übung verspüren.

Schrittlänge

Untersuchungen haben gezeigt, dass, wenn ein Läufer schneller läuft, sich seine Schrittlänge reduziert. Dies bedeutet, dass der Schlüssel zu schnellerem und effizienterem Laufen in einer höheren Schrittfrequenz liegt.

Eine Hauptursache von Beschwerden, Schmerzen und Verletzungen ist ein zu langer Schritt. Am Ende dieses Kapitels finden Sie eine Liste von Problemen und Hinweisen, wie man sie korrigiert. Wenn Sie sich unsicher fühlen, sollten Sie auf jeden Fall auf einen kurzen Schritt achten.

Vermeiden Sie das Anheben Ihrer Knie

Selbst Weltklasseläufer heben Ihre Knie nicht übermäßig an, weil dies den Quadrizepsmuskel (auf der Vorderseite des Oberschenkels) ermüden und zu einem Schritt führen würde, der zu lang und zu ineffizient ist. Am Ende eines ermüdenden Laufs gerät der Schritt am häufigsten zu lang. Diese leichte Schrittverlängerung, wenn die Beine müde sind, führt dazu, dass Ihre Quadrizepsmuskeln am nächsten oder auch noch am übernächsten Tag schmerzen.

Schwingen Sie nicht zu weit nach vorne aus!

Wenn Sie die natürliche Bewegung des Beins beobachten, dann stellen Sie fest, dass es leicht nach vorne ausschwingt, wenn der Fuß bei der Laufbewegung nach vorne geführt wird, um den Boden zu berühren. Achten Sie darauf, dass dies eine natürliche Bewegung ist, die zu keinerlei Verkrampfungen der Waden- oder hinteren Oberschenkelmuskulatur führt.

Muskelverhärtungen im Schienbeinbereich, hinter dem Knie oder in der rückwärtigen Oberschenkelmuskulatur sind ein Zeichen dafür, dass Sie zu weit nach vorne ausschwingen. Korrigieren Sie dies, indem Sie dicht am Boden bleiben, den Schritt verkürzen und den Boden nur leicht berühren.

Schrittfrequenzübung

Es handelt sich hierbei um eine einfache Übung, die die Laufeffizienz verbessert und das Laufen erleichtert. Der Vorzug dieser Übung besteht darin, dass sie dabei hilft, alle Elemente einer guten Lauftechnik zum gleichen Zeitpunkt zu bündeln. Wenn Sie diese Übung 1 x pro Woche absolvieren, werden Sie im Verlaufe der Wochen und Monate beobachten, dass Ihre normale Schrittfrequenz auf ganz natürliche Weise langsam zunimmt.

1. Wärmen Sie sich auf, indem Sie fünf Minuten walken und danach 10 Minuten lang abwechselnd walken und laufen.
2. Beginnen Sie, langsam 1-2 Minuten zu joggen und stoppen Sie die Zeit über 30 Sekunden. Während dieser 30 Sekunden zählen Sie, wie oft Ihr linker Fuß den Boden berührt.
3. Gehen Sie etwa eine Minute lang auf und ab.
4. Bei der zweiten 30-Sekunden-Übung steigern Sie die Bodenkontakte um 1-2.
5. Wiederholen Sie das Ganze 3-7 x, wobei Sie jedes Mal versuchen, 1-2 zusätzliche Bodenkontakte zu erreichen.

Der Körper nimmt Anpassungen der Schrittfrequenz mithilfe dieses Übungsprogramms vor, wodurch sich der gesamte Bewegungsablauf besser koordiniert:

- Die Aufprallgeschwindigkeit verringert sich.
- Zusätzliche, überflüssige Bewegungen des Fußes und des Beins werden reduziert oder ganz eliminiert.
- Weniger Energie ist notwendig, um sich nach oben oder nach vorne abzudrücken.
- Sie bleiben dichter am Boden.
- Die Sprunggelenke werden belastbarer.
- Schmerzempfindliche Bereiche werden nicht überlastet.

LAUFEN – DER PERFEKTE EINSTIEG

Gehtechnik

Die Gehtechnik muss normalerweise nicht thematisiert werden, wenn man in einem langsamen Schlendertempo geht. Aber jedes Jahr verletzen sich Läufer, weil sie auf eine Art und Weise gehen, die irgendeinen Bereich des Fußes oder Beins überlastet. Die meisten dieser Probleme kommen daher, dass man versucht, zu schnell zu gehen, mit einem zu langen Schritt, oder daher, dass man die Technik des leichtathletischen Gehens oder Power-Walkings einsetzt.

1. **Vermeiden Sie einen langen Schritt.** Behalten Sie eine entspannte Bewegung bei, die weder die Knie noch die Sehnen oder die Muskeln der Beine, Füße, Knie oder Hüften belastet. Wenn Sie Schmerzen oder eine Überbelastung in diesen Bereichen spüren, verkürzen Sie den Schritt. Viele Läufer stellen fest, dass Sie in der Lage sind, mit kurzen Schritten ziemlich schnell zu gehen. Wenn Sie jedoch unsicher sind, nutzen Sie das Gehen zur Erholung und zum Abwärmen.

2. **Führen Sie nicht mit Ihren Armen.** Bewährt hat sich ein minimaler Armschwung. Ein zu betonter Armschwung führt zu einem längeren Gehschritt, der schnell Schmerzen und Beschwerden hervorrufen kann. Die zusätzlich erzeugte Rotation kann auch den Hüft-, Schulter- und Nackenbereich überlasten. Sie sollten Ihre Beine den Geh- und Laufrhythmus bestimmen lassen. Wenn dies der Fall ist, hat wahrscheinlich Ihre rechte Gehirnhälfte das Kommando übernommen.

3. **Sorgen Sie dafür, dass sich Ihre Füße auf natürliche Weise bewegen.** Wenn Läufer oder Walker Techniken ausprobieren, die angeblich die Schrittlänge vergrößern, indem sie weiter hinten auf der Ferse landen oder sich von den Ballen weiter abdrücken, was den natürlichen Bewegungsumfang der Beine übersteigt, kommt es häufig zu Verletzungen.

19 Verletzungs-frei laufen

Weil es sich beim Laufen um eine relativ einfache Aktivität handelt, die zunächst dem Überleben diente, verfügen wir über alle Fähigkeiten und potenziellen Anpassungen, die uns erlauben, verletzungs- und schmerzfrei zu laufen. Wenn das Verhältnis von Belastung und Erholung ausgewogen ist und die Belastungssteigerungen allmählich erfolgen, können wir uns immer weiter verbessern und unsere Läufe genießen. Der wichtigste Grund für die Leistungsverbesserung beim Laufen heißt, sich *nicht zu verletzen*.

Aber im Inneren eines jeden Menschen steckt eine Charaktereigenschaft, die den Spaß am Laufen verderben kann. Ich nenne dies das „Typ-A-Überlastungssyndrom". Selbst diejenigen, die weder ein Wettkampftyp sind noch einen Sporthintergrund haben, müssen auf der Hut sein.

Wenn ein Läufer erst einmal einen bestimmten Fitnessgrad erreicht hat, kommt es zu einer Tendenz, sich einem höheren Druck auszusetzen und weniger auf die Erholung zu achten. Zunächst verläuft alles nach Plan. Wenn der Läufer jedoch die Belastung weiter unsystematisch erhöht, bricht der Körper an einer seiner Schwachstellen zusammen.

Achten Sie auf Schwachstellen

Jeder menschliche Körper weist einige Zonen auf, die verstärkt auf Belastungen reagieren und dazu tendieren, sich die meisten Schmerzen, Beschwerden und Verletzungen zuzuziehen. Hierzu zählen vor allem die Knie, die Füße, die Schienbeine und die Hüften.

Diejenigen, die seit einem Jahr oder länger laufen, kennen normalerweise ihre Schwachstellen. Wenn Sie Knieprobleme bekommen und vorher schon einmal am Knie verletzt waren und nach einem Lauf Schmerzen haben, sollten Sie ein oder zwei Tage aussetzen und die folgenden Vorschläge zur Verletzungsbehandlung befolgen.

Woher wissen Sie, dass Sie verletzt sind?

Im Folgenden finden Sie die Hauptsymptome, die zeigen, dass Sie verletzt sind. Wenn Sie eines der unten stehenden Symptome haben, sollten Sie Ihre Trainingseinheit sofort beenden und einige Tage (2-3) aussetzen. Wenn Sie im Anfangsstadium einer Verletzung laufen (und manchmal auch gehen), verschlimmert dies die Verletzung dramatisch – selbst nach einem einzigen Lauf. Wenn Sie beim ersten Symptom 2-3 Tage aussetzen, können Sie vermeiden, dass Sie 2-3 Monate aussetzen müssen, nachdem Sie trotz der Verletzung gelaufen sind. Es ist auf jeden Fall besser, wenn Schmerzen auftreten, zunächst mit dem Training auszusetzen.

1. **Entzündung** – jede Art Schwellung.
2. **Funktionsverlust** – z. B. lässt der Fuß sich nicht in gewohnter Weise bewegen und belasten.
3. **Schmerzen** – die nach einigen Gehminuten nicht weggehen.

Verlust der Kondition

Untersuchungen haben gezeigt, dass Sie Ihre Kondition halten können, selbst wenn Sie fünf Tage lang nicht trainieren. Sicherlich wollen Sie weiterhin regelmäßig laufen, aber verletzungsfrei zu bleiben, hat eine noch höhere Priorität. Haben Sie also keine Bedenken, fünf Tage auszusetzen, wenn eine „Schwachstelle" sich meldet. Ohnehin reichen meistens 2-3 Ruhetage aus.

Behandlung

Es ist immer am besten, bei den ersten Anzeichen einer Verletzung zum Arzt zu gehen (oder bei einer Muskelverletzung zu einem Physiotherapeuten), der Ihnen möglichst schnell die Beschwerden nehmen soll. Die besseren Ärzte werden Ihnen erklären, was Sie ihrer Meinung nach haben (oder sie werden Ihnen sagen, dass sie nichts finden können) und werden Ihnen einen Behandlungsplan geben. Dies erhöht Ihr Vertrauen in den Heilungsprozess, was diesen erfahrungsgemäß beschleunigt.

Behandlungen, während Sie auf einen Termin beim Arzt warten

Leider dauert es bei den meisten Ärzten länger, bis man einen Termin erhält. Während Sie auf diesen Termin warten, sollten Sie das Folgende tun, wenn eine Entzündung, ein Funktionsverlust oder Schmerzen vorliegen:

1. Unterlassen Sie 2-5 Tage jede Aktivität, die die betroffene Stelle noch mehr reizen könnte.
2. Wenn sich der Bereich in der Nähe der Hautoberfläche befindet (Sehne, Fuß usw.), reiben Sie die Stelle mit einem Eiswürfel ein – reiben Sie 15 Minuten konstant, bis die Stelle taub wird. Fahren Sie damit eine Woche lang fort, auch wenn Sie keine Symptome mehr haben.
3. Wenn ein Gelenk oder Muskel betroffen ist, rufen Sie Ihren Arzt an und fragen ihn, ob Sie ein entzündungshemmendes Medikament nehmen können. Wenden Sie kein Medikament ohne ärztlichen Rat an – und befolgen Sie diesen Rat.
4. Wenn eine Muskelverletzung vorliegt, sollten Sie einen Sportphysiotherapeuten aufsuchen. Versuchen Sie, einen zu finden, der über viel Erfahrung mit der Behandlung der Verletzung, die Sie sich zugezogen haben, verfügt. Geschickte Finger und Hände können oft Wunder wirken.

Verletzungsvorbeugung

Da ich selbst mehr als 100 x verletzt war und darüber hinaus auch noch mit Zehntausenden gearbeitet habe, die ebenfalls Schmerzen und Beschwerden durchgemacht haben, habe ich die unten stehenden Vorschläge erarbeitet. Sie basieren auf meiner Erfahrung als Läufer, der anderen Läufern Rat gibt. Ich bin stolz darauf, sagen zu können, dass ich, seitdem ich die Ratschläge, die ich anderen erteile, selbst befolge, länger als 25 Jahre keine Überlastungsverletzung mehr hatte.

Machen Sie zwischen den Läufen 48 Stunden Pause

Laufen stellt eine viel höhere Belastung für die Muskeln dar als Gehen. Wenn Sie Ihren Muskeln zwei Tage zur Erholung geben, bedeutet dies eine effektive Regenerationsphase. Auch das Training am Stepper sollten Sie während dieser 48-stündigen Erholungsphase vermeiden, da dabei dieselben Muskeln eingesetzt werden wie beim Laufen. Verzichten Sie auch auf andere Belastungen, die die Sehnen reizen.

Vermeiden Sie Stretching!

Was dieses Thema angeht, habe ich meine Meinung völlig geändert. Ein großer Prozentsatz von Läufern, die mich wegen einer Verletzung aufgesucht haben, haben sich entweder auf Grund des Stretchings verletzt oder sie haben eine bereits vorhandene Verletzung durch das Stretching noch verschlimmert.

Ein großer Prozentsatz der Läufer berichtet, dass die Verletzung nach Einstellen des Stretchings in relativ kurzer Zeit so weit ausheilte, dass sie wieder laufen konnten. Eine Ausnahme von dieser Regel ist eine Verletzung des Iliotibialbandes. Nur bei dieser Verletzung scheint das Stretchen den Läufern zu helfen, weiterhin laufen zu können, während die Verletzung heilt.

Machen Sie die „Zeheneinrollübung"

Diese Übung können Sie 10-30 x pro Tag ausführen, mit beiden Füßen (jeweils einzeln). Machen Sie die Zehen lang und krallen Sie sie nach vorne, bis der Fuß verkrampft (nur einige Sekunden lang). Dies kräftigt die vielen kleinen Muskeln im Fuß, die eine Stützplattform darstellen. Diese Übung trägt zur Vermeidung von Plantarfasziitis bei.

Steigern Sie Ihren Gesamtkilometerumfang pro Woche um nicht mehr als 10 %

Notieren Sie die Anzahl der Kilometer, die Sie laufen (Walking ist normalerweise o. k.), in einem Trainingstagebuch oder Kalender. Wenn Sie in einer Woche die 10%ige Steigerung übertreffen, sollten Sie einen zusätzlichen Ruhetag einlegen.

Halbieren Sie alle 3-4 Wochen die Gesamtkilometerzahl – selbst wenn Sie sie um nicht mehr als 10 % pro Woche steigern

Auch hier kann Ihr Trainingstagebuch Sie anleiten. Sie verlieren keine Kondition und Sie helfen dem Körper mit dieser Maßnahme, sich zu regenerieren und stärker zu werden. Ein stetiger Anstieg, Woche für Woche, führt dazu, dass Ihre Beine sich nicht mehr ausreichend erholen können.

Vermeiden Sie sowohl beim Laufen als auch beim Gehen einen langen Schritt

Wenn Sie hauptsächlich mit einem Schlurfschritt laufen (Füße dicht am Boden), reduzieren Sie das Verletzungsrisiko. Selbst das Gehen mit langen Schritten kann die Muskeln im Schienbeinbereich reizen. Lesen Sie Kap. 18, wenn Sie mehr Informationen zur Entwicklung einer effizienten Lauftechnik benötigen.

20 Ihr erstes Rennen

Ich weiß, dass Sie nicht scharf auf Wettkämpfe sind. Sie brauchen keine Rennen zu absolvieren. Das ist auch gut so. Aber die Volksläufe, die überall stattfinden, dienen vor allem der Steigerung Ihrer Motivation. Die Teilnehmer an den meisten Straßenläufen sind Menschen wie Sie, die alles tun, um motiviert zu bleiben. Wenn Sie sich für ein Rennen anmelden, dann ist dies eine Verpflichtung für Sie, jede Woche zu trainieren, um sich vorzubereiten.

Die meisten Läufer, die zum ersten Mal an einem Rennen teilnehmen, sind überrascht zu sehen, dass die Mehrheit der Teilnehmer durchschnittlich aussehende Menschen sind. Sicher, an der Startlinie stehen immer einige sehr schlanke Läufer, die die ersten Plätze belegen werden. Aber alle anderen sind da, um die Aufregung, die das Rennen verursacht, zu teilen und das bloße Ankommen zu feiern.

Rennen machen Spaß. Wenn die Energie, die dabei freigesetzt wird, in einem Container eingefangen und in Ihrem Auto verbraucht werden könnte, würden Sie wochenlang nicht tanken müssen. Wenn Sie erst einmal an einem Rennen teilgenommen haben, werden Sie dies immer wieder tun wollen. Dies ist ein Ort, wo so gut wie jeder in einer guten Stimmung ist.

LAUFEN – DER PERFEKTE EINSTIEG

Was macht ein gutes Rennen aus?

- Spaß und gute Laune – durchgeführt in einer interessanten Gegend, als Teil eines Stadtfests, Musikevents, einer Expo mit Ausstellung.

- Gute Organisation – die Organisatoren sorgen dafür, dass folgende Dinge organisiert sind: keine langen Schlangen, einfache Anmeldung, rechtzeitiger Start, Verpflegung auf der Strecke, Erfrischungen für alle – selbst für die Langsamsten, keine größeren Probleme.

- Erfrischungen – bei einigen Rennen gibt es nur Wasser, bei anderen ein Buffet.

- Ein gutes T-Shirt oder eine andere Belohnung – Sie werden es voller Stolz tragen.

- Die Organisatoren konzentrieren sich auf durchschnittliche Läufer oder Laufanfänger.

Wie finde ich eine passende Startgelegenheit?

Laufläden

Diese Quelle steht an erster Stelle auf unserer Liste, weil man dort normalerweise Anmeldeformulare plus zusätzliche Informationen zum jeweiligen Rennen erhält. Erklären Sie den Angestellten im Laden, dass dies Ihr erstes Rennen ist und dass Sie es genießen wollen. Suchen Sie sich einen Volkslauf aus, der einen großen Teil der oben angeführten Kriterien erfüllt.

Bekannte, die laufen

Sprechen Sie einen Bekannten an, der schon seit mehreren Jahren läuft. Sagen Sie ihm, dass Sie etwa 1 x im Monat an einem Volkslauf mit Spaßcharakter teilnehmen möchten. Gehen Sie die oben angeführten Kategorien durch. Fragen Sie Ihren Bekannten nach einer Kontaktnummer oder einer Website, wo Sie mehr Informationen über das Rennen finden und sich möglicherweise auch anmelden können. Wie bei Laufläden können die zusätzlichen Informationen und die Bewertung des Rennens Sie zu einer guten Veranstaltung führen.

Laufklubs/Lauftreffs

Wenn es in Ihrer Gegend ein oder zwei Laufklubs oder Lauftreffs gibt, sollten Sie mit Ihnen in Kontakt treten. Die Funktionäre oder Mitglieder können Ihnen Veranstaltungshinweise geben. Lauftreffs finden Sie im Internet: Geben Sie „Lauftreff" und den Namen Ihres Wohnorts ein.

Zeitungsannoncen

In vielen Zeitungen gibt es am Wochenende im Veranstaltungsteil eine Liste der örtlichen Sportveranstaltungen. Dies ist in den meisten Orten in der Freitags- oder Samstagsausgabe der Fall. Einige Einträge können auch im Sportteil unter der Überschrift „Laufen" oder „Volksläufe" stehen. Sie können diese Einträge auch häufig auf der Website der betreffenden Zeitung finden.

Suche im Internet

Suchen Sie einfach nach „Volksläufe (plus Ihr Wohnort)" oder „5 km (plus Ihr Wohnort)". Auf den entsprechenden Seiten können Sie manchmal eine Veranstaltung in Ihrer Gegend finden und sich anmelden.

LAUFEN – DER PERFEKTE EINSTIEG

Wie Sie sich anmelden

1. Online. Bei immer mehr Straßenläufen wird die Anmeldung online durchgeführt. Dies macht es überflüssig, sich ein Anmeldeformular zu besorgen und es vor dem Meldeschluss an den Veranstalter schicken zu müssen.
2. Füllen Sie ein Anmeldeformular aus und schicken Sie es ein. Sie müssen Ihren Namen, Ihre Adresse, T-Shirt-Größe usw. angeben und dann das Formular unterzeichnen. Fügen Sie auf jeden Fall einen Scheck über die Startgebühr bei.
3. Melden Sie sich am Tag des Rennens an. Da bei einigen Rennen Nachmeldungen nicht möglich sind, sollten Sie sich vorher vergewissern, dass dies möglich ist. Normalerweise müssen Sie bei Nachmeldungen ein erhöhtes Startgeld zahlen – aber dafür können Sie schauen, wie das Wetter ist, bevor Sie sich zum Rennen aufmachen.

Die häufigste Renndistanz ist 5 km

Diese Distanz eignet sich hervorragend für Ihr erstes Rennen, denn es handelt sich normalerweise um die kürzeste Distanz, die gelaufen wird, und in den meisten Gegenden gibt es viele dieser Rennen, unter denen Sie auswählen können.

Wählen Sie eine Veranstaltung aus, die weit genug in der Zukunft liegt, sodass Sie sich bis dahin an eine lange Lauf-Walking-Strecke gewöhnen können.

Planen Sie Ihr Training so, dass Sie 7-10 Tage vor dem Rennen in der Lage sind, eine Lauf-Walking-Strecke, die etwa 1,5-3 km länger als die Wettkampfdistanz ist, erfolgreich zu absolvieren.

Der lange Lauf dient als Vorbereitung auf das Rennen

Sie können Ihrem Plan entnehmen, dass Sie an jedem Wochenende eine lange Lauf-Walking-Einheit einlegen. Zunächst absolvieren Sie diese Einheit nur nach dem Kriterium der Zeit.

Wenn Ihr Wochenendlauf 30 Minuten erreicht hat, sollten Sie eine dieser Einheiten alle zwei oder drei Monate auf der Bahn laufen, sodass Sie die zurückgelegte Strecke bestimmen können. Da eine Standardrunde 400 m lang ist, sind 5 km 12,5 Runden.

Während einige Läufer ihre langen Läufe ganz gerne auf der Bahn durchführen, sind andere sehr gelangweilt, wenn sie dort laufen.

Wenn Sie 1-2 Runden jeweils zu Anfang, in der Mitte und am Ende eines Laufs auf der Bahn absolvieren, werden Sie feststellen, wie schnell Sie laufen, sodass Sie Ihre Tagesdistanz bestimmen können, wenn Sie abseits der Bahn laufen.

Jede Woche sollten Sie die Distanz Ihres langen Laufs um etwa 400-600 m verlängern. Sie sollten bei Ihren langen Läufen langsamer laufen als bei Ihren kürzeren wöchentlichen Lauf-Walking-Einheiten.

Legen Sie die Gehpausen nach Bedarf ein, um zu vermeiden, dass Sie außer Atem geraten. Es ist die zurückgelegte Strecke, die die Ausdauer verbessert – laufen Sie also langsamer.

Im Folgenden finden Sie einen Plan, der Sie auf die 5 km vorbereitet, wenn Sie erst einmal 30 Minuten in Ihrem langen Lauf geschafft haben.

LAUFEN – DER PERFEKTE EINSTIEG

WOCHE	DISTANZ DES LANGEN LAUFS
1	3,6 km
2	4 km
3	4,4 km
4	4,8 km
5	5,2 km
6	5,6 km
7	6 km
8	6,4 km
9	6,8 km
10	7,2 km
11	5- km-Rennen.

Generalprobe

Wenn möglich, sollten Sie einen oder zwei Ihrer langen Läufe auf der Rennstrecke absolvieren. Sie lernen dann, wie Sie dorthin gelangen, wo Sie parken müssen (oder wie Sie schnell wieder von dort wegkommen) und wie der Ort aussieht. Wenn Sie mit dem Auto anreisen, sollten Sie mehrmals auf den Parkplatz fahren, um genau zu wissen, wo Sie parken können. Dies hilft Ihnen, dass Sie sich am Wettkampftag ganz wie zu Hause fühlen. Laufen Sie mindestens 2 x den letzten Kilometer der Rennstrecke, denn dies ist der Streckenteil, den Sie auf jeden Fall kennen müssen. Des Weiteren sollten Sie den ersten Abschnitt der Strecke absolvieren, um herauszufinden, wo Sie am besten Gehpausen einlegen können (z. B. auf Bürgersteigen usw.).

Stellen Sie sich Ihre Startaufstellung vor: hinten, am Straßenrand. Wenn Sie sich zu weit vorne aufstellen, könnten Sie schnellere Läufer dazu zwingen, ihr Tempo zu verringern. Sie sollten dieses erste Rennen langsam laufen, damit Sie es genießen können. Das ist am ehesten im hinteren Läuferfeld möglich. Da Sie, wie im Training, Gehpausen einlegen sollten, sollten Sie sich eher am Straßenrand aufhalten. Wenn sich dort ein Bürgersteig befindet, können Sie diesen für Ihre Gehpausen benutzen.

Der Nachmittag vor dem Rennen

Laufen Sie nicht am Tag vor dem Rennen. Sie werden nichts von Ihrer Kondition verlieren, wenn Sie zwei Tage vor dem Rennen pausieren. Wenn mit dem Rennen eine Ausstellung oder andere Events verbunden sind, so lohnt sich oft ein Besuch dieser zusätzlichen Veranstaltungen. Laufartikelfirmen stellen ihre Waren aus, Schuhe, Kleidungsstücke, Bücher usw. – gibt es häufig zu Sonderpreisen. Hüten Sie sich jedoch davor, Schuhe zu Sonderpreisen zu kaufen. Es ist besser, einen guten Laufladen aufzusuchen und so vorzugehen, wie im Schuhkapitel beschrieben wurde, um einen Schuh auszuwählen, der zu Ihren Füßen passt.

Bei einigen Rennen ist es erforderlich, dass Sie am Tag zuvor Ihre Startnummer abholen und manchmal auch Ihren Computerchip (siehe unten). Schauen Sie auf der Website oder auf Ihrem Anmeldeformular nach, ob Sie dort Näheres dazu finden. Bei den meisten Rennen ist es möglich, dass Sie Ihre Sachen am Tag des Rennens selbst abholen – aber vergewissern Sie sich, ob das auch tatsächlich möglich ist.

Startnummer

Die Startnummer sollte vorne am Trikot befestigt werden, das Sie tragen, wenn Sie die Ziellinie überqueren.

Computerchip

Bei immer mehr Rennen wird eine Technologie verwendet, die beim Überqueren der Ziellinie automatisch Ihre Startnummer und Ihre Zeit registriert. Dieser Chip wird normalerweise mit der Schnürung oben auf den Schuhen fixiert. Einige Firmen verwenden Klettbänder, die am Fußgelenk oder Arm befestigt werden. Lesen Sie die Anleitung, um sicherzugehen, dass Sie den Chip korrekt befestigen. Achten Sie auch darauf, den Chip nach dem Rennen zurückzugeben. Sie werden normalerweise von Freiwilligen eingesammelt, entfernen Sie sie also von Ihren Schuhen. Diejenigen, die den Chip nicht zurückgeben, müssen eine Strafe zahlen.

Das kohlenhydratreiche Abendessen

Bei einigen Rennen gibt es am Abend vorher ein Essen. Bei diesem Abendessen werden Sie sich in der Regel mit anderen Läufern an Ihrem Tisch unterhalten und den Abend genießen. Essen Sie jedoch nicht zu viel. Viele Läufer glauben, dass sie am Abend vor einem Rennen sehr viel essen müssen. Dieses Verhalten sollte man jedoch besser vermeiden. Es dauert mindestens 24 Stunden, bis das meiste, was Sie essen, verdaut wurde und in einem Rennen überhaupt genutzt werden kann – und oft noch länger. Daher achten Sie am Abend vor einem Rennen auf Ihre Ernährung.

Wenn Sie jedoch zu viel oder etwas Falsches essen, kann dies schwer wiegende Folgen haben. Ein voller Magen ist den Belastungen eines Rennens nicht gewachsen, daher tritt Übelkeit auf. Häufig müssen sich die Läufer übergeben, um die Situation zu entspannen. Eine sehr häufige und unangenehme Situation ist, wenn Sie Ihren Magen entleeren müssen, um diesen Stress abzubauen. Da Sie jedoch weder am Nachmittag noch am Abend zuvor hungern wollen, besteht die beste Strategie darin, dass Sie kleine Mahlzeiten zu sich nehmen und die Menge immer mehr reduzieren, je näher die Schlafenszeit rückt. Wie immer, ist es am besten, die Zusammenstellung und die Abläufe vorher auszuprobieren, sodass Sie wissen, was funktioniert, wie viel Sie essen können, wann Sie mit dem Essen aufhören und welche Nahrungsmittel Sie vermeiden müssen. Der Abend vor Ihrem langen Lauf bietet eine gute Gelegenheit, Ihren Essplan zu erarbeiten und eine erfolgreiche Routine für das Rennen zu entwickeln.

Trinken

Am Tag vor dem Rennen sollten Sie trinken, wenn Sie durstig sind. Wenn Sie mehrere Stunden lang weder Wasser noch ein Sportgetränk zu sich genommen haben, sollten Sie jede Stunde ein Glas Flüssigkeit (0,1-0,2 l) trinken. Trinken Sie am Morgen des Rennens jedoch nicht allzu viel. Dies kann Sie dazu zwingen, das Rennen mehrmals zu unterbrechen. Bei vielen Rennen gibt es zwar am Streckenrand mobile Toiletten, aber nicht bei allen. Es ist eine sehr häufige Praxis von Läufern, die morgens zu viel getrunken haben, sich auf der Strecke an einem Baum zu erleichtern. Viele Läufer trinken zwei Stunden vor dem Rennen 0,2-0,3 l Flüssigkeit. Normalerweise wird diese Menge vor dem Start wieder völlig ausgeschieden.

TIPP:
Wenn Sie das Trinken vor Ihren langen Läufen üben, wissen Sie, wie viel Sie am Wettkampftag trinken müssen. Planen Sie Ihre Flüssigkeitsaufnahme so, dass Sie wissen, wann Sie Pausen einlegen müssen.

Der Abend vor dem Rennen

Nach 18 Uhr ist es Ihnen freigestellt, etwas zu sich zu nehmen oder nichts zu essen. Wenn Sie hungrig sind, essen Sie einen Imbiss, den Sie zuvor getestet haben und der keine Probleme bereitet. Weniger ist besser, aber gehen Sie nicht hungrig zu Bett. Während der zwei Stunden, bevor Sie zu Bett gehen, sollten Sie weiterhin etwa 0,2 l eines guten Elektrolytgetränks trinken.

Alkohol ist nicht zu empfehlen, weil die Auswirkungen dieses zentralnervösen Depressivums bis zum nächsten Morgen anhalten. Einigen Läufern macht es nichts aus, ein Glas Wein oder Bier zu trinken, während andere besser beraten sind, nichts dergleichen zu trinken. Wenn Sie sich entschließen, Alkohol zu trinken, schlage ich vor, es bei einem Glas zu belassen.

Packen Sie Ihre Tasche und legen Sie Ihre Kleidungsstücke so bereit, dass Sie am Morgen des Wettkampftags nicht allzu viel nachdenken müssen.

- Ihre Uhr, mit einer Voreinstellung der Lauf-Walking-Abschnitte, die Sie verwenden wollen.
- Schuhe.
- Socken.
- Kurze Laufhose.
- Oberteil – schauen Sie auf das Bekleidungsthermometer.
- Befestigen Sie Ihre Startnummer vorne an dem Kleidungsstück, in dem Sie die Ziellinie überqueren.
- Einige zusätzliche Sicherheitsnadeln.
- Wasser, Elektrolytgetränke, Getränke für vor und nach dem Rennen und einen Kühler, wenn Sie möchten.
- Nahrung für die Hin- und Rückfahrt.
- Bandagen, Vaseline und andere Erste-Hilfe-Gegenstände, die Sie benötigen könnten.
- Bargeld für die Anmeldung, wenn Sie sich nachmelden müssen (kontrollieren Sie die richtige Summe, einschließlich der Nachmeldegebühr).
- 20-30,- € für Benzin, Essen, Parkgebühren usw.
- Befestigen Sie den Chip so, wie in den Wettkampfunterlagen vorgeschrieben.
- Einige Witze oder Geschichten, die vor dem Start für Gelächter oder Unterhaltung sorgen können.
- Eine Kopie der unten aufgeführten „Wettkampfcheckliste".

Schlaf

Es kann sein, dass Sie gut oder schlecht schlafen. Machen Sie sich keine Sorgen, wenn Sie überhaupt nicht schlafen. Viele Läufer, mit denen ich jedes Jahr arbeite, schlafen in der Nacht vor einem Wettkampf überhaupt nicht und absolvieren dann das beste Rennen Ihres Lebens. Natürlich sollten Sie nicht bewusst versuchen, auf den Schlaf zu verzichten ... wenn es aber so kommen sollte, ist es auch kein Problem.

Wettkampfcheckliste

Machen Sie sich eine Fotokopie dieser Liste, sodass Sie nicht nur einen Plan haben, sondern diesen auch methodisch ausführen können. Stecken Sie die Liste in Ihre Wettkampftasche. Probieren Sie am Wettkampftag nichts Neues aus – es sei denn, es betrifft Ihre Gesundheit oder Sicherheit. Das Einzige, von dem ich gehört habe, dass es auch schon beim ersten Mal in einem Rennen geholfen hat, sind Gehpausen. Selbst Personen, die diese zum ersten Mal einsetzen, berichten über erhebliche Vorteile. Aber, was alles andere angeht, halten Sie sich an Ihren Plan.

Trink- und Toilettenpausen – trinken Sie nach dem Aufwachen jede halbe Stunde 0,1-0,2 l Wasser. Wenn Sie 30 Minuten vor Ihren Läufen ein Elektrolytgetränk getrunken haben, sollten Sie das Getränk vorbereiten. Benützen Sie einen Kühler, wenn Sie wollen. Um die Toilettenpausen zu vermeiden, sollten Sie Ihre Flüssigkeitsaufnahme wie gewohnt gestalten.

Essen Sie so, wie Sie vor Ihren intensiveren Läufen gegessen haben. Es ist o. k., vor einem 5-km-Rennen überhaupt nichts zu essen, es sei denn, Sie sind Diabetiker; in diesem Fall sollten Sie sich an den Plan halten, den Sie und Ihr Arzt ausgearbeitet haben.

Orientieren Sie sich – gehen Sie auf dem Startgelände auf und ab und stellen Sie fest, wo Sie sich aufstellen müssen (im hinteren Feld) und wie Sie zum Aufstellungsplatz kommen. Wählen Sie eine Seite der Straße, auf der mehr Platz ist oder auf der sich ein Bürgersteig befindet, um bequem Gehpausen einzulegen.

Melden Sie sich an oder holen Sie Ihre Startnummer ab. Wenn Sie all dies bereits erledigt haben, können Sie diesen Schritt überspringen. Wenn nicht, schauen Sie sich die Hinweise im Anmeldebereich an und stellen Sie sich in die richtige Schlange. Normalerweise gibt es eine für Nachmelder und eine für diejenigen, die sich bereits vorangemeldet haben und nur noch ihre Nummer abholen müssen.

Beginnen Sie 40-50 Minuten vor dem Start mit dem Aufwärmen. Wenn möglich, sollten Sie die Strecke vom Ziel aus 800-1.000 m in Richtung Start gehen. Auf diese Weise erhalten Sie einen ersten Eindruck vom wichtigsten Abschnitt Ihres Rennens – dem Zieleinlauf. Im Folgenden finden Sie die Aufwärmroutine:

- Gehen Sie langsam fünf Minuten.
- Gehen Sie 3-5 Minuten im normalen Gehtempo, mit entspannten und kurzen Schritten.
- Starten Sie Ihre Uhr mit dem von Ihnen verwendeten Verhältnis von Lauf- und Gehabschnitten und tun Sie dies 10 Minuten lang.
- Gehen Sie 5-10 Minuten auf und ab.
- Wenn Sie Zeit haben, gehen Sie auf dem Aufstellungsplatz auf und ab, lesen Sie Ihre Witze, lachen Sie und entspannen Sie sich.
- Nehmen Sie Ihre Startposition ein und wählen Sie die Straßenseite aus, auf der Sie sich aufstellen wollen.
- Wenn die Straße gesperrt ist und die Läufer aufgefordert werden, auf der Straße zu bleiben, gehen Sie zur Bordsteinkante und bleiben Sie am Rand der Straße, im hinteren Starterfeld.

Nach dem Start

Denken Sie daran, dass Sie kontrollieren können, wie Sie sich während und nach dem Rennen fühlen, indem Sie eine moderate Tempostrategie wählen und Gehpausen einlegen.

- Bleiben Sie bei dem Lauf-Walking-Verhältnis, das sich für Sie bewährt hat – legen Sie alle geplanten Gehpausen auch tatsächlich ein, vor allem die erste Pause.
- Wenn es warm ist, reduzieren Sie das Tempo und walken Sie einen größeren Teil der Strecke.
- Lassen Sie sich von Ihren Mitläufern während der Laufabschnitte nicht zu einem zu schnellen Tempo verleiten.
- Wenn Mitläufer, die keine Gehpausen einlegen, Sie überholen, sagen Sie sich, dass Sie sie später wieder überholen werden – Sie werden das sicherlich tun.
- Wenn irgendjemand Ihre Gehpausen als Schwäche interpretiert, sagen Sie: „Dies ist mein bewährte Strategie für ein starkes Finish."
- Unterhalten Sie sich mit Mitläufern auf der Strecke, genießen Sie die Strecke, lächeln Sie häufig.
- Schütten Sie sich an warmen Tagen an den Wasserstationen Wasser über den Kopf (es besteht bei einem 5-km-Rennen keine Notwendigkeit zu trinken, es sei denn, Sie wollen dies).

Im Ziel

- In aufrechter Körperhaltung.
- Mit einem Lächeln auf Ihrem Gesicht.
- Mit dem Wunsch, es wieder zu tun.

Nach dem Zieleinlauf

- Gehen Sie mindestens 800 m weiter.
- Trinken Sie etwa 0,1-0,2 l Flüssigkeit.
- Innerhalb von 30 Minuten nach dem Zieleinlauf sollten Sie einen Imbiss zu sich nehmen, der zu 80 % aus Kohlenhydraten und zu 20 % aus Proteinen besteht.
- Wenn Sie Ihre Beine in kaltem Wasser baden können, tun Sie dies während der ersten beiden Stunden nach dem Rennen.
- Walken Sie später am Tag weitere 20-30 Minuten.

Am nächsten Tag

- Walken Sie 30-60 Minuten, sehr locker. Sie können dies in einer Einheit erledigen oder in Einzelabschnitten.
- Trinken Sie pro Stunde 0,1-0,2 l Wasser oder Elektrolytgetränke.
- Warten Sie eine Woche, bis Sie Ihr nächstes Rennen planen, oder schwören Sie sich, nie wieder zu laufen.

21 Beschwerden und Schmerzen

Viele Leute werden Ihnen sagen, dass Laufen den Gelenken schadet. Untersuchungen belegen, dass dies ein Irrtum ist. Ich habe die Berichte in medizinischen Fachzeitschriften gelesen und habe die Zusammenfassungen von mehreren Toporthopäden gehört. Diesen Berichten zufolge, die im Verlaufe mehrerer Jahrzehnte publiziert wurden, verfügen Läufer über gesündere Gelenke als diejenigen, die keinen Sport getrieben haben.

Die meisten Laufverletzungen lassen sich zwar vermeiden, aber fast jeder, der mit dem Laufen beginnt, macht ein oder zwei Fehler. Fast alle Beschwerden, die auf Trainingsfehler zurückgehen, verschwinden jedoch nach einigen Ruhetagen wieder. Nach etwa einer 50-jährigen Läuferkarriere habe ich fast jede Verletzung erlebt, die einen Läufer treffen kann. Während ich dieses Buch schreibe, bin ich stolz, sagen zu können, dass ich seit über 25 Jahren keinen einzigen Überlastungsschaden mehr erlitten habe. Es ist nicht schwer, verletzungsfrei zu bleiben. Die Methoden, die ich benutze, möchte ich Ihnen in diesem Kapitel von Läufer zu Läufer mitteilen.

Gehen Sie zu Ärzten, die dem Laufen wohlgesonnen sind

In diesem Kapitel finden Sie keine medizinischen Ratschläge. Suchen Sie beim ersten Zeichen eines medizinischen Problems einen Arzt auf. Ich schlage Ihnen vor, einen Arzt aufzusuchen, der schon viele Läufer behandelt hat und der Sie wieder zum Laufen und Walken bringen möchte. Um einen guten Arzt zu finden, fragen Sie in Laufläden und Laufklubs nach, oder kontaktieren Sie Bekannte, die schon seit einigen Jahren laufen, und Websites.

Schwachstellen

Jeder menschliche Körper weist Problemzonen auf, die bei sportlichen Belastungen eher zu Überlastungserscheinungen neigen als andere. Die häufigsten Bereiche bei Läufern sind die Knie, Füße, Hüften und Schienbeine. Aber es ist durchaus möglich, dass es bei Ihnen noch andere Bereiche gibt, je nachdem, wie Sie laufen und walken. Nachdem Sie einige Beschwerden hatten, werden Sie Ihre Problemzonen kennen. Gehen Sie sehr behutsam mit ihnen um.

Verhalten, wenn Schmerzen auftreten

Wenn Sie trotz beträchtlicher Beschwerden und Schmerzen weitermachen, kann dies den Schaden um ein Vielfaches verschlimmern. Bei den ersten Schmerzen gehe ich. Nach etwa einer Minute jogge ich einige Sekunden und gehe dann wieder. Nach 3-4 dieser Wiederholungen höre ich mit dem Laufen auf, wenn die Schmerzen noch immer da sind. Tatsache ist, dass ich schon seit mehr als 10 Jahren keinen Lauf mehr abgebrochen habe. Wenn Sie in der Anfangsphase einer Verletzung 1-2 Tage aussetzen, lässt es sich in der Regel vermeiden, später Wochen oder Monate aussetzen zu müssen. Es ist immer besser, sich Ruhe zu gönnen, wenn auch nur die geringste Gefahr besteht, dass Sie verletzt sein könnten.

Die drei Hauptsituationen, die zu Laufverletzungen führen

„Es tut weh, aber ich habe nur noch 1,5 km ... ich bringe den Lauf zu Ende."

„Es tut zwar ein bisschen weh, aber ich glaube nicht, dass ich ernsthaft verletzt bin."

„Es ist heute ein so schöner Tag, ich kann keinen großen Schaden anrichten, wenn ich trotz meiner Verletzung weiterlaufe."

Anzeichen für eine Verletzung

- **Schwellung:** In einem Bereich, der beim Laufen belastet ist, hat sich eine Entzündung gebildet.
- **Bewegungseinschränkung:** Der Fuß, das Knie usw. lässt sich nicht mehr so wie gewöhnlich bewegen und belasten.
- **Schmerzen!** Wenn die Schmerzen nicht verschwinden, obwohl Sie einige Minuten mit der Belastung ausgesetzt haben oder langsam gegangen sind.

Zu vermeiden sind folgende Verhaltensweisen

1. Stretchen Sie nicht – es sei denn, es handelt sich um eine Verletzung des Iliotibialbandes.
2. Wenden Sie keine Wärme an.
3. Führen Sie zwei Tage lang keine Aktivitäten aus, die die Beschwerden in dem betroffenen Bereich verschlimmern könnten.

Schnellbehandlungstipps

Bei allen Verletzungen:

1. Verzichten Sie drei Tage auf das Laufen oder jede andere Aktivität, die die Beschwerden verschlimmern könnte.
2. Vermeiden Sie auch jede andere Aktivität, die zu einer Verschlimmerung der Beschwerden beitragen könnte.
3. Wenn Sie das Laufen wiederaufnehmen, bleiben Sie unterhalb der Schwelle, deren Überschreiten zu weiteren Reizungen führen könnte.

Muskelverletzungen:

1. Rufen Sie Ihren Arzt an und fragen Sie, ob Sie rezeptpflichtige antientzündliche Präparate einnehmen können.
2. Suchen Sie einen Sportphysiotherapeuten auf, der auch schon viele andere Läufer erfolgreich behandelt hat.

Sehnen- und Fußverletzungen:

1. Reiben Sie die betroffene Stelle 15 Minuten lang mit einem Eiswürfel ein (reiben Sie so lange, bis die Stelle taub wird – etwa 15 Minuten). **Anmerkung: Eisbeutel oder Eis in Gelform scheinen gar nichts zu nützen.**
2. Bei Fußverletzungen hilft manchmal eine Aircastschiene.

Knieverletzungen:

1. Rufen Sie Ihren Arzt an und fragen Sie, ob Sie rezeptpflichtige antientzündliche Präparate einnehmen können.
2. Probieren Sie, ob Sie langsam gehen können, manchmal hilft das.
3. Manchmal können Kniegelenkbandagen die Schmerzen reduzieren, fragen Sie Ihren Arzt.

Schienbeinverletzungen:

1. Wenn die Schmerzen beim Gehen allmählich verschwinden, brauchen Sie sich keine allzu großen Sorgen über einen Ermüdungsbruch zu machen.
2. Werden die Schmerzen beim Laufen oder Gehen jedoch stärker, sollten Sie einen Arzt aufsuchen (Gefahr eines Ermüdungsbruchs)!

Wiederaufnahme des Lauftrainings vor Ausheilen der Verletzung

Bei den meisten Laufverletzungen können Sie mit dem Lauftraining weitermachen, während die Verletzung ausheilt. Zunächst müssen Sie jedoch einige Tage aussetzen, damit der Heilungsprozess beginnen kann. Wenn Sie dies zu Beginn einer Verletzung tun, brauchen Sie normalerweise nur 2-5 Ruhetage. Je länger Sie versuchen, trotz der Verletzung weiterzulaufen, desto mehr Schaden richten Sie an und desto länger dauert der Heilungsprozess. Halten Sie während aller Phasen dieses Heilungs-/Laufprozesses Kontakt mit Ihrem Arzt und schätzen Sie ab, welche Belastungen möglich sind.

Damit die Heilung fortschreitet, obwohl Sie mit dem Laufen wieder begonnen haben, müssen Sie unterhalb der Reizschwelle bleiben. Anders gesagt, wenn Sie die Verletzung beim Laufen von 4 km spüren und sie beim Laufen von 5 km zu schmerzen beginnt, sollten Sie nicht mehr als 3 km laufen. Und wenn Ihr Lauf-Walking-Verhältnis 30 Sekunden Laufen/1 Minute Gehen beträgt, sollten Sie zu einem Verhältnis von 15 Sekunden Laufen und 90 Sekunden Walken zurückkehren.

Legen Sie zwischen den Lauftagen stets einen Ruhetag ein. Bei den meisten Verletzungen können Sie ein Crosstraining absolvieren, um Ihre Kondition aufrechtzuerhalten, aber stellen Sie sicher, dass die Verletzung dies erlaubt. Wiederum kann Ihr Arzt Ihnen einen diesbezüglichen Rat geben.

Die besten Crosstrainingsmethoden zur Aufrechterhaltung Ihrer Laufkondition

Bevor Sie ein solches Training aufnehmen, sollten Sie Ihren Arzt fragen. Die meisten Methoden eignen sich bei den meisten Verletzungen. Bei einigen besteht jedoch die Gefahr der Reizung der verletzten Stelle und der Verzögerung des Heilungsprozesses. Schauen Sie sich das Kapitel zum Crosstraining (Kap. 25) an, wenn Sie mehr Informationen dazu suchen oder schauen Sie in mein Buch *Laufen mit Galloway* (2. Aufl.). Bauen Sie das Crosstraining allmählich auf, weil Sie diese Muskeln ebenfalls einem allmählichen Konditionstraining unterziehen müssen. Selbst Walking hilft bei der Aufrechterhaltung der Kondition, wenn die Verletzung und der Arzt es erlauben.

1. Aquajogging – kann Ihren Laufstil verbessern
2. Skilanglaufsimulator
3. Walking
4. Rudermaschinen
5. Ellipsentrainer

In der 2. Auflage des Buches *Laufen mit Galloway* finden Sie mehr Informationen zu spezifischen Laufverletzungen. Aber im Folgenden stelle ich die wichtigsten Verletzungen eines Läufers vor und gebe Ihnen als erfahrener Läufer hierzu einige Tipps.

KNIESCHMERZEN

Die meisten Knieprobleme verschwinden, wenn Sie fünf Ruhetage einlegen. Fragen Sie Ihren Arzt, ob Sie antientzündliche Mittel anwenden dürfen. Versuchen Sie, die Ursache Ihrer Kniebeschwerden zu bestimmen. Werfen Sie einen Blick auf das Paar Schuhe, auch Walking-Schuhe, das am meisten abgelaufen ist. Wenn die Sohle an der Innenseite des Vorderfußes Abnutzungserscheinungen aufweist, ist es wahrscheinlich, dass Sie überpronieren. Wenn Sie wiederholt Kniebeschwerden haben, ist es wahrscheinlich, dass Sie Einlagen benötigen. Wenn Sie Schmerzen unterhalb der Kniescheibe haben oder Arthritis, dann helfen Glukosamin-/Chondroitin-Produkte.

SCHMERZEN AN DER KNIEAUSSENSEITE – Iliotibialbandsyndrom

Dieses Faszienband dient als Sehne und reicht an der Außenseite des Beins von der Hüfte bis knapp unterhalb des Knies. Die Schmerzen spürt man fast immer an der Knieaußenseite, sie können jedoch überall im Bereich des Iliotibialbandes auftreten. Ich glaube, es handelt sich hierbei um eine Verletzung, die durch „Hin- und Herschwanken" verursacht wird. Wenn die Laufmuskeln ermüden, halten Sie sie nicht länger auf einer geraden Laufbahn.

Das I-T-Band versucht, diese Schwankungsbewegung einzuschränken, schafft dies jedoch nicht und wird überlastet. Das häufigste Feedback, das ich von Läufern und Ärzten bekomme, ist, dass wenn erst einmal der Heilungsprozess eingesetzt hat (normalerweise nach einigen lauffreien Tagen), die meisten Läufer geheilt werden, unabhängig davon, ob sie laufen oder völlig auf das Laufen verzichten. Es ist jedoch entscheidend, dass man unterhalb der Schmerzschwelle bleibt, um weitere Reizungen zu verhindern.

Behandlung des Iliotibialbandsyndroms

1. Stretching: Stretchen Sie vor, nach und sogar während des Laufens. Im Folgenden finden Sie einige Dehnübungen, die sich bei dieser Verletzung als wirksam erwiesen haben.
2. Massage: Ein guter Masseur kann Ihnen sagen, ob Massage helfen wird und wo man massieren muss. Die beiden Bereiche, auf die man achten sollte, sind die Verbindungspunkte des Bindegewebes, das fest ist, und das Band selbst, an unterschiedlichen Stellen.
3. Walking ist in der Regel in Ordnung und ein ganz geringfügiges Lauftraining ist normalerweise auch o. k.

4. Direkte Eismassagen auf dem schmerzenden Bereich: Jeden Abend sollte man 15 Minuten kontinuierlich massieren.

SCHIENBEINSCHMERZ – „Shin Splints" oder Ermüdungsfraktur

Fast immer sind Schmerzen im Schienbeinbereich ein Anzeichen für eine geringfügige Reizung, die man „Shin Splints" nennt und bei der man während des Heilungsprozesses laufen und walken kann. Die Schmerzen sind zu Beginn einer Lauf- oder Trainingseinheit am größten und verschwinden während der Belastung allmählich. Es dauert eine gewisse Zeit, bis die Verletzung völlig ausgeheilt ist, man muss also Geduld haben.

Eine Reizung auf der Beininnenseite, die vom Sprunggelenk aus hochzieht, wird „hintere tibiale Shin Splints" genannt und die Ursache liegt häufig in einer Überpronation des Fußes (das heißt, der Fuß rollt beim Abdruck nach innen). Wenn die Schmerzen in der Muskulatur vorne am Unterschenkel lokalisiert sind, handelt es sich um „vordere tibiale Shin Splints". Die Ursache ist oft ein zu langer Schritt beim Laufen und insbesondere beim Walken. Während des Heilungsprozesses sollte man Bergabpassagen möglichst vermeiden.

Wenn die Schmerzen an einer bestimmten Stelle auftreten und beim Laufen zunehmen, könnte es sich um ein ernsteres Problem handeln, nämlich um einen Ermüdungsbruch. Das ist bei Laufanfängern ungewöhnlich, aber typisch für diejenigen, die zu früh zu viel trainieren. Eine Ermüdungsfraktur kann auch ein Hinweis auf eine geringe Knochendichte sein. Wenn Sie den Verdacht auf eine Ermüdungsfraktur haben, sollten Sie weder laufen noch Ihr Bein anderen Belastungen aussetzen. Stattdessen sollten Sie einen Arzt aufsuchen. Bei

Ermüdungsfrakturen sollte man mehrere Wochen nicht laufen oder walken und normalerweise trägt man einen Gipsverband. Ermüdungsfrakturen können auch auf einen Kalziummangel hindeuten.

FERSENSCHMERZ – Plantarfasziitis

„Die effektivste Behandlung besteht darin, dass Sie Ihren Fuß in einen Stützschuh stecken, bevor Sie Ihren ersten Schritt am Morgen tun."

Diese sehr häufige Verletzung schmerzt morgens bei Ihren ersten Schritten. Beim Aufwärmen verschwindet der Schmerz allmählich, um am nächsten Morgen wieder da zu sein. Die wichtigste Behandlung besteht darin, dass Sie Ihren Fuß vor dem morgendlichen Aufstehen in einen Stützschuh stecken.

Lassen Sie auf jeden Fall in einem Laufschuhladen einen Schuhcheck vornehmen, um sicherzustellen, dass Sie den richtigen Schuh für Ihren Fuß haben. Wenn Sie die Schmerzen tagsüber spüren, sollten Sie einen Fußspezialisten aufsuchen.

In der Regel wird dieser eine Einlage herstellen, die von Ihrem Fußgewölbe bis zur Ferse reicht. Dabei muss es sich nicht um eine harte Stütze handeln, sondern es kann auch eine weiche sein, die speziell für Ihren Fuß konstruiert ist und an den richtigen Stellen Erhöhungen aufweist. Die „Zeheneinrollübung", die früher in diesem Buch vorgestellt wurde, kann auch zur Kräftigung des Fußes beitragen, was den Fuß ebenfalls stützt.

Es dauert jedoch einige Wochen, bis dieser Effekt eintritt. Es handelt sich hierbei um eine weitere Verletzung, mit der man während des Heilungsprozesses weiterlaufen kann. Halten Sie jedoch Kontakt zu Ihrem Arzt.

FUSSRÜCKSEITE – Achillessehne

Die Achillessehne ist das schmale Sehnenband, das von der Ferse zum Wadenmuskel reicht. Sie ist Bestandteil eines sehr effizienten mechanischen Systems und wirkt als starkes, gummiartiges Band, das per Hebelwirkung mit geringem Einsatz der Wadenmuskulatur den Fuß zu großer Leistung bringt. Verletzungen der Achillessehne beruhen normalerweise auf exzessivem Dehnen, entweder durch Laufen oder durch Stretchingübungen. Zunächst sollten Sie daher jede Aktivität, die die Sehne dehnt, meiden. Es hilft, wenn man alle seine Schuhe mit einem kleinen Fersenkeil versieht, was den Bewegungsumfang verringert.

Reiben Sie die Sehne jeden Abend mit einem Eiswürfel ein. Reiben Sie 15 Minuten, bis die Sehne taub wird. Meiner Meinung nach haben Eisbeutel oder Packungen mit gefrorenem Gel keine Wirkung. Nach 3-5 lauffreien Tagen zeigt die Kältebehandlung normalerweise Wirkung und die Verletzung beginnt zu heilen. Antientzündliche Medikamente wirken bei Achillessehnenproblemen nur selten.

HÜFT- UND LEISTENSCHMERZEN

Die Hüfte kann durch intensives Lauftraining großen Schaden erleiden. Da die Hüfte beim Laufen nicht zu den primär bewegten Körperteilen gehört, wird sie normalerweise geschädigt, wenn Sie sich trotz Müdigkeit weiterbelasten. Die Hüfte versucht, die Arbeit der Beinmuskeln zu übernehmen, obwohl sie dafür nicht geschaffen ist. Fragen Sie Ihren Arzt nach rezeptpflichtigen antientzündlichen Medikamenten, da diese die Heilung oft beschleunigen. Vermeiden Sie Dehnübungen und alle anderen Aktivitäten, die den Bereich weiter reizen können.

22 Stretching

Es mag Sie vielleicht überraschen zu hören, dass Stretching viele Verletzungen verursacht. Meine Umfragen haben gezeigt, dass unter denjenigen, die regelmäßig stretchen, das Stretching die führende Verletzungsursache ist. Es gibt zwar Dehnübungen, die einigen Personen helfen, aber ich glaube, dass die meisten Menschen, die laufen oder walken, gar nicht stretchen müssen. Ich weiß, dass Sie sehr viele Tipps zum Stretchen erhalten – vor allem von denjenigen, die andere Sportarten betreiben wie Tennis, Schwimmen, Fußball, Golf usw. Laufen unterscheidet sich aber erheblich von diesen Aktivitäten.

In anderen Sportarten verlangen Sie von Ihrem Körper, dass er etwas tut, für das er nicht konstruiert ist. Unsere Ahnen spielten weder Tennis noch Golf. Aber sie gingen und liefen. Wenn wir diese beiden Aktivitäten schonend ausführen, wie in diesem Buch beschrieben, bleiben wir innerhalb des Bewegungsumfangs, für den wir konstruiert sind. Stretching belastet die Sehnen und Muskeln über das, was sie eigentlich zu tun bereit sind, hinaus und führt oft zu Verletzungen.

Verhärtungen

Lassen Sie sich von den Verhärtungen, die entstehen, wenn Sie die Geh- oder Laufdistanz verlängern, nicht beunruhigen. Bei einem einzelnen Lauf werden Verhärtungen meist durch die Muskelermüdung und die Abfallprodukte, die bei fortgesetztem Laufen entstehen, verursacht. Stretching wird diese Verhärtungen nicht beseitigen.

Ein falsches Gefühl von Erleichterung. Ich gebe zu, dass Sie, wenn Sie einen müden, verhärteten Muskel dehnen, in diesem Muskel ein besseres Gefühl spüren, allerdings nur für kurze Zeit. Nachdem ich mit Dutzenden von Physiologen, Orthopäden und anderen Spezialisten gesprochen habe, ist mir klar geworden, dass das Dehnen eines verhärteten Muskels zu vielen kleinen Rissen in den Muskelfasern führt. Ihr Körper spürt dies und schickt Hormone zu den betreffenden Stellen, um die Schmerzen zu bekämpfen. Selbst eine einzige Dehnübung unter diesen Bedingungen kann einen Muskel verletzen und verlängert die Erholungszeit, da Ihr Körper den durch die Dehnung verursachten Schaden reparieren muss. Selbst mit leichter Dehnung schwächen Sie den Muskel.

Eine geringfügige Verhärtung ist gut. Ihr Körper wird beim Laufen für eine gewisse Zeit härter. Dies liegt daran, dass die Beine sich an das Laufen langer Strecken anpassen müssen. Ihr Fußabdruck ist effektiver und Ihr Bewegungsumfang effizienter. Viele Biomechaniker haben mir gesagt, dass diese Art der Verhärtung in vielen Fällen das Verletzungsrisiko reduziert und das Laufen erleichtert.

Wenn Sie ein Problem mit Verhärtungen in bestimmten Körperbereichen haben, hilft eine Massage – selbst unter Einsatz von Selbstmassagewerkzeugen, wie „dem Stock".

Yoga und Pilates?

Ich unterhalte mich fast jede Woche mit Läufern, die sich verletzt haben, weil sie während ihrer Trainingsprogramme Dehnübungen absolviert haben. Selbst leichte Dehnübungen, die Ihren Bewegungsumfang überschreiten, können den Gelenken und Sehnen schaden. Die philosophischen Vorteile des Yoga können so bedeutsam sein wie die des Laufens. Wenn Sie von derartigen mentalen Vorteilen profitieren, sollten Sie die Einheiten durchführen – aber dehnen Sie nicht.

Die Iliotibialbandverletzung – die einzige große Ausnahme

Das Iliotibialband ist ein Faszienband, das als Sehne fungiert. Ausgehend von der Hüfte, verläuft es an der Beinaußenseite und setzt an mehreren Stellen unterhalb der Knie an. Neben der hier behandelten Dehnung sind einzelne Personen der Meinung, dass es spezifische Dehnübungen gibt, die die Verhärtungen ihres I-T-Bandes lockern helfen. Diejenigen, die von dieser Verletzung betroffen sind, können vor, nach oder während einer Lauf-Walking-Einheit dehnen oder immer dann, wenn das I-T-Band sich verhärtet und/oder zu schmerzen beginnt.

ANMERKUNG: In Kap. 21 finden Sie mehr zu dieser Verletzung.

Verzichten Sie auf das Dehnen

Eine lockere Gehphase von fünf Minuten Dauer, gefolgt von einem allmählichen Übergang vom Gehen zum durch Gehabschnitte unterbrochenen Laufen ist das effektivste Aufwärmen, das ich kenne.

Individuelle Dehnübungen

Ich habe mehrere Personen getroffen, die bestimmte Dehnübungen machen, die ihnen zu helfen scheinen. Wenn Sie eine Dehnübung finden, die Ihnen gut tut, machen Sie sie ruhig. Aber seien Sie vorsichtig.

23 Kraft-training

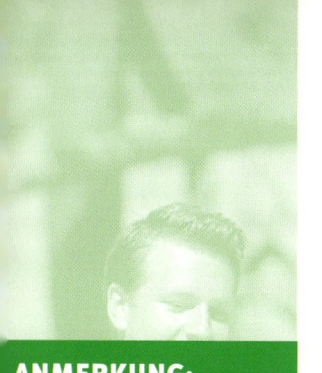

ANMERKUNG:
Diese Übungen stellen keine Behandlungsmethoden für medizinische Probleme dar. Es handelt sich um Empfehlungen unter Läufern, weil Tausende berichtet haben, dass sie von diesen Übungen profitieren. Wenn Sie Rücken- oder andere medizinische Probleme haben, sollten Sie sicherstellen, dass Ihr Arzt und andere Spezialisten Ihnen die Erlaubnis geben, diese Übungen durchzuführen.

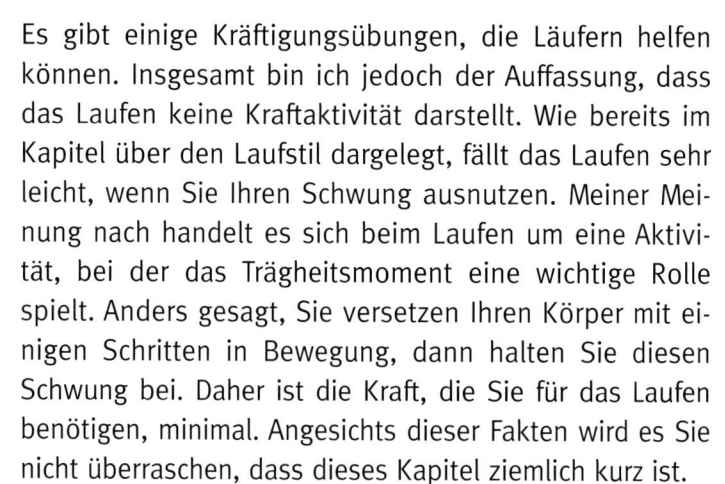

Es gibt einige Kräftigungsübungen, die Läufern helfen können. Insgesamt bin ich jedoch der Auffassung, dass das Laufen keine Kraftaktivität darstellt. Wie bereits im Kapitel über den Laufstil dargelegt, fällt das Laufen sehr leicht, wenn Sie Ihren Schwung ausnutzen. Meiner Meinung nach handelt es sich beim Laufen um eine Aktivität, bei der das Trägheitsmoment eine wichtige Rolle spielt. Anders gesagt, Sie versetzen Ihren Körper mit einigen Schritten in Bewegung, dann halten Sie diesen Schwung bei. Daher ist die Kraft, die Sie für das Laufen benötigen, minimal. Angesichts dieser Fakten wird es Sie nicht überraschen, dass dieses Kapitel ziemlich kurz ist.

Schauen Sie sich nur den Körperbau der schnelleren Läufer an. Sie haben eine kaum ausgebildete Muskulatur und schon gar keine Muskelpakete. Wenn Sie zusätzliche Muskeln mit sich herumschleppen, helfen Ihnen diese bei der Vorwärtsbewegung nicht, sondern Ihr Körper leistet zusätzliche Arbeit – was letztendlich dazu führt, dass Sie Ihr Tempo verlangsamen müssen. Bei Kraftwettbewerben mit anderen Sportlern, bei denen ich zugeschaut habe, rangieren Läufer in der Regel ganz unten. Als ich auf Weltklasseebene Wettkämpfe bestritt, kannte ich keinen einzigen Konkurrenten, der auch nur eine Stunde lang regelmäßig Krafttraining durchführte – es sei denn, der High-School- oder Collegetrainer zwang sie dazu.

„Zeheneinrollübung" – zur Vorbeugung von Verletzungen des Fußes und Unterschenkels

Ich bin der Meinung, dass diese Übung allen hilft, die laufen und walken. Barfuß oder nicht, strecken Sie Ihre Zehen und kontrahieren Sie die Muskeln Ihres Fußes, bis diese verkrampfen. Es dauert nur wenige Sekunden, bis dies geschieht. Sie können diese Übung 10-30 x am Tag wiederholen, jeden Tag. Dies ist die beste Methode, die ich kenne, um eine Fußverletzung namens Plantarfasziitis zu vermeiden – aber sie kräftigt auch den ganzen Fuß und den Sprunggelenkbereich und verbessert die Stützeigenschaften. Ich habe auch von Läufern gehört, die glauben, dass diese Übung hilft, Achillessehnenverletzungen zu vermeiden.

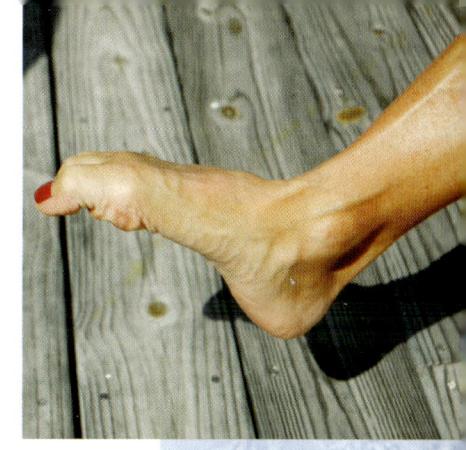

Posturale Muskelübungen

Wenn Sie Ihre Oberkörpermuskeln, die Ihre Haltung stützen, gleichmäßig kräftigen, fällt es Ihnen leicht, beim Laufen, Gehen oder bei anderen Alltagsaktivitäten eine aufrechte Körperhaltung beizubehalten. In einer natürlichen, aufrechten Haltung macht das Laufen weniger Probleme. Sie bewegen sich effizienter vorwärts und benötigen weniger Energie, um Ihren Körper im Gleichgewicht zu halten.

Gute Haltungsmuskeln erlauben auch eine effizientere Atmung. Sie sind in der Lage, tief einzuatmen, was Seitenstiche verhindert und es Ihnen ermöglicht, mehr Sauerstoff aufzunehmen.

Es gibt zwei Muskelgruppen, die gekräftigt werden müssen: auf der Vorderseite die Bauchmuskeln, die zur Stützung und zum Gleichgewicht beitragen. Wenn die Kraft der Bauchmuskeln durch die Rücken- und Nackenmuskeln aufgewogen wird, gibt es keine Ermüdungserscheinungen in den Schultern, im Nacken und Rücken.

Vordere Muskeln: der Crunch

Legen Sie sich in Rückenlage auf einen weichen Teppich oder ein Bodenkissen, das Ihren Rücken gut abpolstert. Beugen Sie Ihre Knie. Jetzt heben Sie Ihren Kopf und den Oberkörper leicht vom Boden ab. Richten Sie sich 2-5 cm auf und senken Sie sich wieder ab, aber achten Sie darauf, dass Ihr Oberkörper nicht den Boden berührt. Während Sie sich sehr leicht bewegen, sollten Sie Ihre Bauchmuskeln nicht entspannen – sie sollten bei dieser kleinräumigen Auf- und Abbewegung dauernd angespannt sein. Es ist auch hilfreich, wenn Sie sich bei dieser Übung leicht von einer Seite auf die andere rollen, während Sie sich dabei dauernd weiterbewegen. Dies kräftigt den ganzen Bereich der Muskelgruppen, die Ihre Rumpfvorderseite stützen.

Für den Rücken-, Schulter- und Nackenbereich: Laufbewegung mit den Armen

Halten Sie im Stand (nicht im Laufen) in jeder Hand eine Hantel und führen Sie Ihre Arme durch den für das Laufen typischen Bewegungsumfang. Halten Sie die Gewichte dicht an Ihrem Körper, während die Hände von Ihren Hüften nach oben zu den Schultern und wieder zurück schwingen.

Wählen Sie ein Gewicht, das Ihnen nach 10 Wiederholungen das Gefühl vermittelt, Sie hätten die betroffenen Muskeln trainiert. Das Gewicht sollte jedoch nicht so groß sein, dass Sie bei den letzten 1-2 Wiederholungen Schwierigkeiten bekommen. Beginnen Sie mit einem Satz von 10 Wiederholungen und steigern Sie auf 3-5 Sätze, 1-2 x pro Woche. Sie können diese Übung an einem Lauf- oder Ruhetag absolvieren.

Präventive Übungen

Diese Übungen sind für diejenigen bestimmt, die das Gefühl haben, sie bräuchten mehr Stützung in den unten aufgeführten Bereichen. Diejenigen, die regelmäßig Schmerzen, Beschwerden oder Verletzungen in einem oder mehreren der unten aufgeführten Bereiche haben, haben von diesen Übungen profitiert.

Knie – Hebeübung mit durchgedrückten Knien

Wenn Sie empfindliche Knie haben, eignet sich die folgende Übung, weil sie die unterschiedlichen Oberschenkelmuskeln kräftigt. Indem Sie die Kraft in den Oberschenkelmuskeln steigern, festigen Sie die Gewebeverbindungen rund um das Knie und verbessern deren Stützwirkung. Wenn der Quadrizeps über mehr Kraft verfügt und Sie Ihren Fuß nur über einen geringen Bewegungsumfang direkt unterhalb der Hüfte bewegen, verringert sich die Belastung des Knies.

Setzen Sie sich auf eine hohe Bank oder einen Tisch. Bewegen Sie Ihr Bein mit durchgedrücktem Knie auf und ab, wobei Sie den Bewegungsumfang allmählich von innen nach außen verlagern. Beginnen Sie ohne Zusatzgewicht und mit 10 Wiederholungen pro Satz. Wenn Sie mit jedem Bein leicht drei Sätze zu je 10 Wiederholungen absolvieren können, sollten Sie einige Pfund in Form eines am Knöchel befestigten Beutels oder Buches hinzufügen.

Schienbeine – zwei Übungen

Das Fußheben

Setzen Sie sich auf eine Bank, wobei Sie die Knie im rechten Winkel halten. Ihr Fuß muss sich deutlich über dem Boden befinden. Hängen Sie einen Beutel oder ein Buch von einem Pfund Gewicht über den Fuß. Bewegen Sie Ihren Fuß 10 x auf und ab. Bewegen Sie den Winkel des Fußes von innen nach außen. Erhöhen Sie das Gewicht, sobald Sie die Sätze zu je 10 Wiederholungen als locker empfinden.

Fersengehen

Verwenden Sie einen stark gepolsterten Schuh. Gehen Sie auf Ihren Fersen, sodass Ihre Zehen und Ballen den Boden nicht berühren. Beginnen Sie mit 10 Schritten und steigern Sie, bis Sie 2-3 Sätze zu je 20-30 Schritten absolvieren können.

24 Wie Sie motiviert bleiben

- Regelmäßigkeit ist der wichtigste Teil des Konditions- und Fitnesstrainings.
- Motivation ist der wichtigste Faktor des regelmäßigen Trainings.
- Sie können Kontrolle über Ihre Motivation gewinnen – jeden Tag.

Die Wahl liegt bei Ihnen. Sie übernehmen die Kontrolle über Ihre Einstellung oder Sie lassen sich von äußeren Faktoren ablenken, die dafür sorgen, dass Sie sich auf einer motivationalen Achterbahn befinden: heute hoch motiviert, morgen absolut lustlos. Sich an einem bestimmten Tag zu motivieren, fällt leicht. Aber motiviert zu bleiben, erfordert eine Strategie oder ein motivationales Trainingsprogramm. Um den Prozess zu verstehen, müssen wir zunächst einen Blick auf Ihr Gehirn werfen.

Das Gehirn besteht aus zwei getrennten Hälften, die keine Verbindung aufweisen. Die logische linke Gehirnhälfte ist für unsere Geschäftsaktivitäten zuständig, sie versucht, uns angenehme Gefühle zu verschaffen und unangenehme Gefühle zu vermeiden. Die kreative und intuitive rechte Gehirnhälfte fungiert als unerschöpfliche Quelle von Problemlösungen und verbindet uns mit unseren verborgenen Kräften.

Wenn sich der Stress erhöht, schickt uns die linke Gehirnhälfte einen Strom logischer Botschaften, die uns mitteilen, „langsamer zu machen", „aufzuhören und sich besser zu fühlen" und die uns einreden, dass, „heute nicht dein Tag" ist. Es kann sich sogar um philosophische Botschaften handeln, wie z. B.: „Warum tust du das?" Wir alle sind in der Lage, die Motivation aufrechtzuerhalten, wenn die linke Gehirnhälfte uns ermahnt, kürzer zu treten. Der erste wichtige Schritt, das Kommando über die Motivation zu übernehmen, besteht also darin, die linke Gehirnhälfte zu ignorieren, es sei denn, es gibt aus Gesundheits- oder Sicherheitsgründen einen legitimen Grund, dies nicht zu tun (was sehr selten ist). Mentale Trainingsübungen helfen, diese Blockaden der linken Gehirnhälfte zu überwinden.
    Diese Übungen gestatten der rechten Seite Ihres Gehirns, an der Lösung Ihrer Probleme zu arbeiten.

Wenn die linke Gehirnhälfte negative Botschaften schickt, lässt sich die rechte Gehirnhälfte darauf nicht ein. Indem Sie sich mental auf die erwarteten Herausforderungen vorbereiten, gewinnen Sie die Kraft, um mit den Problemen umzugehen und mentale Härte zu entwickeln. Noch wichtiger ist jedoch, dass Sie drei Erfolgsstrategien entwickeln:

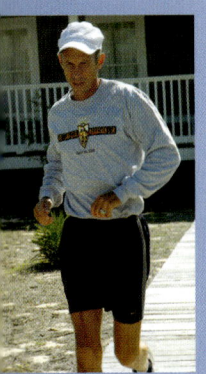

Drill Nr. 1

SITUATIONSTRAINING

Nach einem harten Tag vor die Tür gehen

Indem Sie ein systematisches Training durchführen, um ein Motivationsproblem zu bewältigen, erreichen Sie mehr Konstanz und legen die Grundlage für eine Verbesserung. Sie benötigen zunächst ein erreichbares Ziel und eine realistische Problemsituation. Lernen Sie durch Erfahrung:

1. Formulieren Sie Ihr gewünschtes Ergebnis: nach einem harten Tag zu walken und zu laufen.
2. Formulieren Sie die Problemlage: niedriger Blutzucker und Müdigkeit, ein Strom negativer Botschaften, die Notwendigkeit, das Abendessen zuzubereiten, überwältigender Wunsch, sich zu entspannen.
3. Unterteilen Sie das Problem in eine Reihe von Aktionen, die Sie durch die mentalen Barrieren führen und von denen keine einzige eine Herausforderung für die linke Gehirnhälfte darstellt.

- Sie fahren am Ende eines Tages nach Hause und wissen, dass es sich um Ihren Trainingstag handelt, aber Sie haben keine Lust zu trainieren.
- Ihre linke Gehirnhälfte sagt Ihnen: „Du bist zu müde, leg einen Ruhetag ein", „Du hast keine Energie für die Lauf-Walking-Einheit".

- Also sagen Sie Ihrer linken Gehirnhälfte: „Ich werde nicht trainieren. Ich werde mir ein Paar bequeme Schuhe und Kleidungsstücke anziehen, ich werde essen und trinken, werde das Abendessen vorbereiten und werde mich entspannen."
- Sie sind in Ihrem Zimmer, ziehen sich bequeme Sachen und Schuhe an (zufällig handelt es sich um Trainingsschuhe).
- Sie trinken Kaffee (Tee, Diät-Cola usw.) und verzehren einen schmackhaften Imbiss, während Sie das Essen ofenfertig vorbereiten.
- Sie gehen vor die Tür, um nach dem Wetter zu sehen.
- Sie gehen zur nächsten Häuserecke, um zu sehen, was die Nachbarn machen.
- Nachdem Sie die Straße überquert haben, sind Sie auf Ihrem Weg.
- Die Endorphine werden freigesetzt, Sie fühlen sich gut und wollen weitermachen.

4. Gehen Sie diese Situation immer wieder durch und verfeinern Sie sie, sodass sie zum festen Bestandteil Ihres Denkens und Handelns wird.
5. Beenden Sie die Situation, indem Sie die Entspannung genießen, die durch das Training erreicht wurde. Sie spüren den Erfolg, Ihre Vitalität und die Glücksgefühle, die eine gute Lauf-Walking-Einheit bewirkt, und Sie sind wirklich entspannt.

Frühmorgens vor die Tür gehen

Das zweithäufigste Motivationsproblem bezieht sich auf die Situation frühmorgens, wenn Sie aufwachen und wissen, dass es Zeit zum Training ist.

Formulieren Sie Ihr gewünschtes Ergebnis: frühmorgens zu walken und zu laufen.

Formulieren Sie die Problemstellung detailliert: Sie würden am liebsten im Bett liegen bleiben und haben keine Lust, sich so früh am Morgen zu belasten. Da ist der Stress, den der Wecker auslöst, und das Nachdenken darüber, was Sie als Nächstes tun müssen.

Unterteilen Sie das Problem in eine Reihe von Aktionen, die Sie durch die mentalen Barrieren führen und von denen keine einzige eine Herausforderung für die linke Gehirnhälfte darstellt.

- Am Abend zuvor legen Sie Ihre Laufsachen und -schuhe direkt neben Ihre Kaffeetasse, sodass Sie nicht nachdenken müssen.
- Stellen Sie Ihren Wecker und sagen Sie sich immer wieder: „Wecker abstellen, Füße auf den Boden, zur Kaffeetasse", oder: „Wecker, Boden, Kaffee." Während Sie dies wiederholen, visualisieren Sie jede Situation, ohne darüber nachzudenken. Indem Sie dies wiederholen, schlafen Sie ein. Sie haben sich auf diese Weise darauf programmiert, am nächsten Morgen aktiv zu werden.
- Der Wecker schrillt. Sie stellen ihn ab, setzen Ihre Füße auf den Boden und eilen zur Kaffeetasse – alles, ohne nachzudenken.
- Sie ziehen ein Kleidungsstück nach dem anderen an, trinken Ihren Kaffee, alles, ohne an das Training zu denken.
- Mit der Kaffeetasse in der Hand gehen Sie vor die Tür, um nach dem Wetter zu sehen.
- Während Sie Kaffee trinken, gehen Sie zur Ecke Ihres Blocks oder Grundstücks, um nachzusehen, was die Nachbarn so machen.
- Sie stellen die Kaffeetasse ab, überqueren die Straße und Sie haben den Durchbruch geschafft!
- Die Endorphine werden freigesetzt, Sie fühlen sich gut, Sie wollen weitermachen.

Aus systematischem Situationstraining entwickeln sich leicht Verhaltensmuster, wenn Sie nicht nachdenken, sondern einfach von der einen zur nächsten Aktion voranschreiten. Die Kraft der Systematik besteht darin, dass Sie Ihr Gehirn für eine Serie von Aktionen programmiert haben, sodass Sie nicht nachdenken müssen, um von einer Aktion zur nächsten überzuleiten. Wenn Sie das Muster wiederholen und es für das Alltagsgeschehen verfeinern, entwickeln Sie sich zu der Person, die Sie sein möchten. **Sie sind erfolgreich!**

Drill Nr. 2

SCHLÜSSELWÖRTER

Selbst die motiviertesten Personen erleben während einer harten Trainingseinheit Phasen, in denen sie am liebsten aufgeben möchten. Der Einsatz von Schlüsselbegriffen hilft, diese Phasen zu bewältigen und sich am Ende gut zu fühlen. An diesen Tagen haben Sie nicht nur die Ziellinie erreicht – Sie haben auch alle Herausforderungen bewältigt, um dorthin zu gelangen. Das Ganze funktioniert folgendermaßen:

Jeder von uns hat typische Probleme, die immer wieder auftauchen. Es handelt sich um die Probleme, von denen wir erwarten können, dass sie uns auch in Zukunft nerven werden. Suchen Sie in Ihrem Gedächtnis nach Situationen, in denen Sie zum ersten Mal auf Grund dieser Probleme Ihre Motivation verloren, die Herausforderung jedoch bewältigt und Ihr Ziel erreicht haben.

Entspannen ... Power ... Gleiten

Bei wirklich harten Läufen begegnen mir drei solcher Herausforderungen: 1) Wenn ich wirklich müde werde, verkrampfe ich und habe Angst, am Ende kämpfen zu müssen. 2) Ich spüre, wie ich die anfängliche Elastizität und Kraft verliere und mache mir Sorgen, dass ich am Ende keine Kraft mehr haben werde. 3) Meine Technik bricht zusammen und ich befürchte, dass die Funktion meiner Muskeln und Sehnen noch mehr nachlassen wird und dass ich auf Grund einer „instabilen" Laufhaltung noch erschöpfter werde.

Im Verlaufe der letzten drei Jahrzehnte habe ich gelernt, diesen drei Problemen mit den magischen Wörtern „Entspannen ... Power ... Gleiten" entgegenzutreten. Das Visualisieren jeder dieser drei positiven Elemente hilft ein wenig. Die wirkliche „Magie" besteht darin, dass ich mit diesen Wörtern Hunderte von Situationen assoziiere, in

LAUFEN – DER PERFEKTE EINSTIEG

denen ich begann, in einem der drei Bereiche zu versagen, diese Probleme jedoch bewältigte. Jedes Mal, wenn ich eines oder mehrere dieser Probleme bewältige, assoziiere ich diese Erfahrung mit diesen magischen Wörtern und verstärke dadurch ihre Wirkung.

Wenn jetzt irgendetwas beginnt schief zu gehen, wiederhole ich diese drei Wörter immer wieder. Statt meine Angst zu steigern, werde ich ruhiger. Obwohl ich mich nach 8 km nicht mehr so stark fühle wie beim ersten Kilometer, gibt mir alleine das Bewusstsein, dass ich aus meiner vergangenen Erfahrung Nutzen ziehen kann, neue Kraft. Und wenn meine Beine ihre Effizienz und Elastizität verlieren, reduziere ich die Belastung entsprechend.

Ich glaube, dass ich, indem ich diese Schlüsselbegriffe benutze, die mit erfolgreichen Erfahrungen assoziiert sind, zwei positive Effekte erreiche. Das Aussprechen dieser Wörter durchflutet das Gehirn mit positiven Erinnerungen. Eine Zeit lang haben die negativen Botschaften der linken Gehirnhälfte keine Chance mehr und ich laufe 2-3 km weiter. Der zweite Effekt ist jedoch noch wichtiger. Die Wörter sind direkt mit der rechten Gehirnhälfte verbunden, die intuitiv dieselben Verbindungen herstellt, die mir früher das Lösen der Probleme ermöglichten.

Um an einem Tag erfolgreich zu sein, müssen Sie nur die Lauf-Walking-Einheit beenden. Meistens kommen Sie durch die „schlechten Phasen" hindurch, indem Sie nicht aufgeben und einfach einen Fuß vor den anderen setzen. Wenn Sie sich durch die negativen Botschaften Ihrer linken Gehirnhälfte nicht irritieren lassen und weitermachen, entwickeln Sie ein Selbstvertrauen, das es Ihnen erlaubt, dies immer und immer wieder zu tun. Benutzen Sie ruhig meine magischen Wörter oder denken Sie sich eigene aus.

Drill Nr. 3

SCHMUTZIGE TRICKS

Mithilfe des Situationstrainings steigern Sie Ihre Konzentration, verbessern die Organisation und reduzieren den Stress der ersten Kilometer. Die magischen Wörter helfen Ihnen, den größten restlichen Teil anspruchsvoller Einheiten zu bewältigen. Aber an den wirklich harten Tagen sollten Sie einige schmutzige Tricks einsetzen, um Ihre linke Gehirnhälfte zu überlisten.

Es handelt sich hierbei um schnelle Hilfsmaßnahmen, mit denen Sie Ihre linke Gehirnhälfte für eine Weile ablenken, wodurch Sie einige Kilometer mehr zurücklegen. Diese imaginativen und manchmal verrückten Bilder müssen nicht auf Logik beruhen. Wenn Sie sie jedoch einsetzen, um Ihre linke Gehirnhälfte auszutricksen, gelangen Sie näher zum Ziel Ihres Laufs.

Das riesige, unsichtbare Gummiband

Wenn ich bei langen, harten Läufen müde werde, packe ich diese Geheimwaffe aus und werfe sie einem Läufer, der vor mir läuft, um den Körper. Eine Zeit lang merkt der Betroffene nicht, dass er „eingefangen" wurde, und läuft weiter, während ich den Vorteil habe, gezogen zu werden. Nachdem ich diesem Bild eine gewisse Zeit nachgehangen habe, muss ich über mich selbst lachen, weil ich an eine solche absurde Idee glaube, – aber das Lachen aktiviert die kreative rechte Gehirnhälfte. Dies erzeugt normalerweise einige weitere unterhaltsame Bilder, vor allem dann, wenn Sie dies regelmäßig tun.

Die rechte Gehirnhälfte verfügt über Millionen schmutziger Tricks. Wenn Sie diese Gehirnhälfte aktiviert haben, werden Sie wahrscheinlich die Probleme, die Sie gerade haben, lösen können. Die rechte Gehirnhälfte kann Sie unterhalten, während Sie weitere 400-800 m näher an Ihr Ziel gelangen.

Viel mehr schmutzige Tricks und mentale Strategien finden Sie in der 2. Auflage von *Laufen mit Galloway* und *Marathon – You Can Do It*.

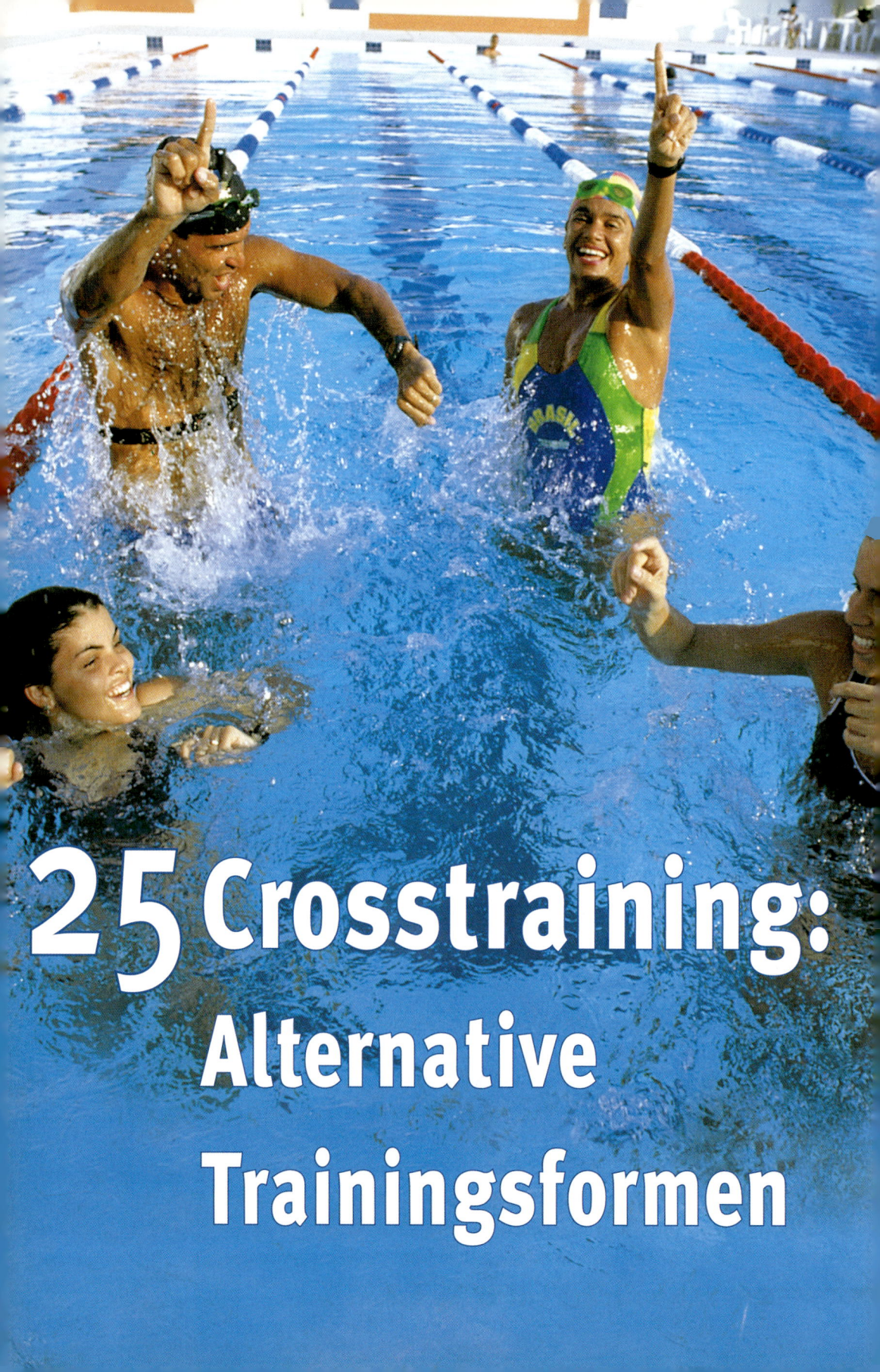

25 Crosstraining: Alternative Trainingsformen

Meine Lauf-Walking-Methode hat Zehntausenden von Laufanfängern geholfen, Verletzungen zu vermeiden, während sie gleichzeitig die durch das regelmäßige Laufen gesteigerte Vitalität und verbesserte Motivation, die mit regelmäßigem Laufen Hand in Hand geht, genießen.

Ein zunehmender Prozentsatz dieser Läufer hat mit dem verletzungsfreien Laufen so gute Erfahrungen gemacht, dass sie glauben, sie seien immun gegenüber Schmerzen und Beschwerden. Aber hier irren sie sich.

Zu viel des Guten

Die harte Arbeit des Laufens bedeutet, dass Sie Ihren Körper vom Boden lösen und dann den Schock beim Landen absorbieren. Auch wenn Sie dies jeden Tag tun, kann der nur begrenzte Schaden repariert werden und Ihre Fitness verbessert sich. Viele Läufer – selbst wenn sie über 50 oder 60 Jahre alt sind – haben nie Probleme.

Wenn Läufer erst einmal eine regelmäßige Trainingsroutine entwickelt haben und die Vitalität und den Energieschub genießen, versuchen einige von ihnen, ein oder zwei zusätzliche Trainingstage einzuschummeln, obwohl sie eigentlich Ruhetage einlegen sollten. Dieselben Leute, die monatelang Probleme hatten, sich zu motivieren, geraten plötzlich außer Kontrolle und haben Beschwerden.

Ihre Logik ist folgendermaßen: Wenn der minimale Laufumfang dafür gesorgt hat, dass man sich ziemlich gut fühlt, dann wird ein erhöhter Kilometerumfang dazu führen, dass man sich noch viel besser fühlt. Durch 1-2 zusätzliche Lauftage verdoppelt oder verdreifacht sich aber das Verletzungsrisiko.

Crosstrainingsaktivitäten

Vernünftiger ist es, an einem Tag zu laufen und am nächsten Tag ein Crosstraining zu absolvieren. Crosstraining bedeutet ganz einfach ein „alternatives Training" als Ergänzung des Lauftrainings. Ihr Ziel sollte darin bestehen, Übungen zu finden, die Ihnen denselben positiven Schub vermitteln wie das Laufen, die aber die Körperpartien, die beim Laufen belastet werden, – die Wadenmuskulatur, die Achillessehne und die hintere Oberschenkelmuskulatur – schonen.

Die anderen Übungen verhelfen möglicherweise nicht zu denselben positiven Gefühlen – aber sie können nahe herankommen. Viele Läufer berichten, dass es einer Kombination von drei oder vier in einer Einheit bedarf, um dies zu schaffen. Aber selbst wenn Sie sich nicht ganz genauso fühlen, erfahren Sie die durch die körperliche Aktivität verursachte Entspannung und verbrennen Kalorien und Fett.

Wenn Sie mit körperlicher Aktivität beginnen (oder nach einer Pause wieder beginnen):

1. Beginnen Sie mit fünf Minuten lockerem Training, ruhen Sie sich 20 Minuten oder länger aus und absolvieren Sie dann fünf weitere lockere Belastungsminuten.
2. Legen Sie zwischen diesen Belastungen einen Tag Pause ein (Sie können am nächsten Tag eine andere körperliche Aktivität durchführen).
3. Steigern Sie jede Einheit um 2-3 zusätzliche Minuten, bis Sie die Zahl von Minuten erreichen, von der Sie das Gefühl haben, dass Sie sie bequem absolvieren können.
4. Wenn Sie zwei 15-minütige Einheiten schaffen, könnten Sie zu einer 22-25-minütigen Einheit wechseln und pro Einheit um 2-3 Minuten steigern, wenn Sie dies wollen.

5. Es ist am besten, am Tag vor einem langen Lauf kein Training zu absolvieren.
6. Um Ihr Konditionsniveau in jeder Aktivität zu halten, ist es am besten, nach Erreichen dieses Umfangs jede Woche eine 10-minütige oder längere Einheit zu absolvieren.
7. Der maximale Crosstrainingsumfang kann von jedem Einzelnen selbst bestimmt werden. Solange Sie sich für den restlichen Tag gut fühlen und bei Ihren Läufen keine Probleme auftreten, sollte die Länge Ihres Crosstrainings kein Problem sein.

Aquajogging verbessert Ihren Laufstil

Alle von uns weisen beim Laufen kleine Ausreißer und Seitbewegungen der Beine auf, die die Laufökonomie stören. Der Wasserwiderstand zwingt Ihre Beine, einen effizienteren Weg zu wählen. Zusätzlich werden mehrere Beinmuskeln gekräftigt, die benötigt werden, um Ausweichbewegungen Ihrer Beine auf Grund von Ermüdung am Ende eines Laufs zu vermeiden.

So geht's!

Sie brauchen für das Aquajogging eine Schwimmweste. Der „Aquajogger" ist so konstruiert, dass er Sie über dem Grund des Beckens schweben lässt. Bei den meisten Läufern liegt er eng am Körper an. Es gibt viele andere Möglichkeiten, wie Sie sich im Wasser schwebend halten können, z. B. mit Schwimmgürteln für Wasserskifahrer und mit Rettungswesten.

Begeben Sie sich ins tiefe Becken und bewegen Sie Ihre Beine wie beim Laufen: Heben Sie Ihre Knie gar nicht oder nur wenig, schwingen Sie Ihre Beine nur leicht nach vorne und führen Sie Ihre Beine so nach hinten, dass Unter- und Oberschenkel hinter Ihrem Körper einen 90°-Winkel bilden. Wie beim Laufen auf dem Land sollte Ihr Unterschenkel parallel zur Horizontalen stehen.

LAUFEN – DER PERFEKTE EINSTIEG

Wenn Sie beim Aquajogging nicht das Gefühl größerer Belastung haben, liegt dies vermutlich daran, dass Sie die Knie zu hoch anheben und Ihre Beine nur einen geringen Bewegungsumfang aufweisen. Um Nutzen aus dem Aquajogging zu ziehen, müssen Sie Ihren Bewegungsumfang vergrößern. Es ist wichtig, dass Sie 1 x pro Woche im Wasser laufen, um die erreichten Anpassungen zu halten. Wenn Sie eine Woche auslassen, sollten Sie etwas kürzer trainieren als bei Ihrer letzten Einheit. Wenn Sie mehr als drei Wochen aussetzen, sollten Sie wieder mit 5-8-minütigen Einheiten beginnen.

Fettverbrennung und Übungen zur Verbesserung der allgemeinen Fitness

Nordic Track (Skilanglaufsimulator)

Diese Trainingsmaschine simuliert die Skilanglaufbewegung. Es handelt sich hierbei um eine der besseren Crosstrainingsmethoden zur Fettverbrennung, da eine große Anzahl von Muskelzellen aktiviert ist, während sie gleichzeitig die Körpertemperatur erhöhen. Wenn Sie in lockerem Tempo trainieren, gelangen Sie in die Fettverbrennungszone (länger als 45 Minuten), nachdem Sie sich allmählich auf diesen Umfang gesteigert haben. Bei diesem Training kommt es zu keinen Aufprallbelastungen der Beine oder Füße (was nur dann der Fall ist, wenn Sie zu intensiv und zu hart trainieren), sodass Sie am folgenden Tag Ihr normales Lauftraining absolvieren können.

Rudermaschine

Es gibt verschiedene Arten von Rudermaschinen. Bei einigen liegt die Belastung der Beine etwas zu hoch für Läufer, aber bei den meisten Maschinen können Sie eine große Spannbreite der Muskeln der unteren Extremitäten und des Rumpfs einsetzen. Wie beim Skilanglaufsimulator gilt, dass Sie, wenn Sie die richtige Maschine finden, so lange trainieren können, wie Sie wollen, vorausgesetzt, Sie bauen den betreffenden Umfang allmählich auf. Bei den meisten der besseren Maschinen werden viele Muskelgruppen eingesetzt, die Körpertemperatur steigt an und das Training kann über 45 Minuten fortgesetzt werden.

Rad fahren

Beim Fahren auf einem Standfahrrad (Ergometertraining) verbrennen Sie mehr Fett als beim Radfahren draußen, da es zu einem Anstieg der Körpertemperatur führt. Die Muskeln, die beim Radfahren drinnen und draußen eingesetzt werden, sind hauptsächlich die Quadrizepsmuskeln, – an der Vorderseite Ihrer Oberschenkel – wodurch die Gesamtzahl der belasteten Muskelzellen, im Vergleich zu anderen Trainingsarten, reduziert ist.

Vergessen Sie das Walken nicht!

Sie können den ganzen Tag über gehen oder walken. Ich nenne das Walken einen „heimlichen Fettverbrenner", weil es so leicht ist, Kilometer um Kilometer zu gehen – vor allem in geringem Umfang. Das Walken ist aber auch eine hervorragende Crosstrainingsmethode, – wozu auch das Walken auf dem Laufband gehört.

Crosstraining für den Oberkörper

Gewichttraining

Obwohl Gewichttraining nicht wesentlich zur Fettverbrennung beiträgt und auch dem Laufen nicht direkt nützt, kann es an lauffreien Tagen oder an Lauftagen (nach einem Lauf) durchgeführt werden. Es gibt sehr viele Methoden, um die Kraft aufzubauen. Wenn Sie daran interessiert sind, sollten Sie sich einen Trainer suchen, der Ihnen dabei hilft, die Kraft der Muskelgruppen aufzubauen, die Sie wünschen. Wie bereits an früherer Stelle in diesem Buch erwähnt, ist ein Krafttraining für die Beine nicht empfehlenswert.

Schwimmen

Schwimmen ist zwar kein Fettverbrenner, kräftigt aber den Oberkörper und verbessert die kardiovaskuläre Fitness und die Ausdauer der Oberkörpermuskulatur. Schwimmen können Sie sowohl an Lauf- als auch an lauffreien Tagen.

Die folgenden Übungen sollten Sie an Lauftagen vermeiden!

Die folgenden Übungen ermüden Ihre Laufmuskeln und verhindern, dass Sie sich zwischen den Lauftagen erholen. Wenn Sie wirklich diese Übungen durchführen wollen, sollten Sie dies an einem Lauftag unmittelbar nach dem Lauf tun.

- Stepper,
- Treppenlaufen,
- Gewichttraining für die Beinmuskeln,
- Power Walking – vor allem auf einer hügeligen Strecke,
- Spinning (auf einem Fahrrad), bei dem Sie aus dem Sattel gehen.

26 Training bei Hitze und Kälte

„Weder Regen noch Eis, noch Hitze, Dämmerung oder Nacht wird uns vom Laufen abhalten."

Manchmal sehne ich mich an verschneiten, verregneten, brutal kalten Tagen nach den frühen Tagen des Laufens, als wir noch Entschuldigungen dafür hatten, dass wir die Naturelemente nicht herausforderten. Heute jedoch gibt es passende Kleidungsstücke für alle Wetterlagen, vom Kopf bis zu den Zehen.

Die Technologie hat die meisten unserer Entschuldigungen für den Verzicht auf das Training hinfällig werden lassen. Aber Läufer können sehr kreativ sein. Jedes Jahr höre ich ein paar neue Entschuldigungen von Läufern, die nach Gründen suchen, um auf das Laufen zu verzichten.

Tatsächlich jedoch können Sie, wenn Sie nicht über die richtige Kleidung für heißes oder kaltes Wetter verfügen, drinnen walken und laufen – auf Laufbändern, in überdachten Einkaufspassagen oder Stadien oder in Turnhallen.

Vor einigen Jahren lief ich beim Fairbanks-Rennen in Alaska mit. Ich fragte die Mitglieder des örtlichen Laufklubs, was die niedrigste Temperatur gewesen sei, die sie erlebt hatten. Der Sieger hatte einmal einen 10-km-Lauf bei -54° C absolviert (es handelte sich dabei nicht um eine zusätzlich durch Windkühlung verursachte Kälte, sondern um die tatsächliche Thermometertemperatur). Er sagte, dass es sich noch nicht einmal so kalt angefühlt hätte.

Tatsache ist, dass die Bekleidungshersteller auf die Bedürfnisse von Läufern bei extremen Wetterbedingungen reagiert haben, indem sie es möglich gemacht haben, relativ bequem bei Temperaturen unter null zu laufen. Ich muss jedoch zugeben, dass ich bei -54° nicht laufen kann, da ich meine Laufschuhe in der Nähe eines warmen Ofens trocknen muss.

LAUFEN – DER PERFEKTE EINSTIEG

Heißes Wetter

Ich habe Gerüchte gehört, es gäbe einen klimatisierten Anzug für den Sommer, aber ich habe ihn im Angebot der Bekleidungshersteller noch nicht gefunden. Ich hätte einen derartigen Anzug beim Marathon in Key West, Florida, verwenden können, bei dem auf den letzten 32 km eine Temperatur von 35° C geherrscht hat. Nach Jahrzehnten des Laufens in heißen Regionen, meist in Florida und Georgia, und einigen Aufenthalten auf Hawaii und den Philippinen, kenne ich noch nicht viele Bekleidungsstücke, die die Körpertemperatur senken. Das Beste, was Sie sich erhoffen können, ist, dass Sie den Temperaturanstieg verringern können und dass Sie sich abgekühlter und hitzeresistenter *fühlen*.

Wenn Sie sich bei hoher Hitze (über 21° C) oder bei mäßiger Hitze (über 16° C) und hoher Luftfeuchtigkeit (über 50 %) extrem belasten, erhöhen Sie Ihre Körpertemperatur. Bei den meisten Laufanfängern führt dies zu einer Freisetzung von Blut in die Hautkapillaren, was zur Kühlung beiträgt. Diese Umverteilung des Blutes reduziert jedoch die Blutversorgung der Arbeitsmuskulatur, wodurch diese nicht nur schlechter von Schlackenstoffen befreit, sondern auch mit weniger Sauerstoff versorgt wird.

Das heißt also, dass Sie sich bei warmem Wetter schlechter fühlen und langsamer laufen werden. Wenn Sie die Wärme zu schnell aufbauen, zu lange draußen bleiben oder – für Ihre Verhältnisse – zu schnell laufen, besteht die Gefahr eines Hitzschlags. Lesen Sie auf jeden Fall den Abschnitt über dieses Gesundheitsrisiko am Ende dieses Kapitels. Sie sind dazu in der Lage, sich in gewissem Maß an diese Situationen anzupassen, indem Sie sich die beste Tageszeit für das Training aussuchen, entsprechend kleiden und andere Tricks anwenden, um nicht zu überhitzen. Weitere Tipps zu diesem Thema finden Sie weiter unten.

Laufen in der Sommerhitze

1. Laufen Sie, bevor die Sonne sich über dem Horizont befindet. Stehen Sie bei warmem Wetter früh auf, damit Sie der Belastung durch die Sonne entgehen. Dies ist vor allem ein Problem in Zonen mit hoher Luftfeuchtigkeit. Der frühe Morgen ist meist auch die kühlste Tageszeit. Ohne Belastung durch die Sonne gelingt es den meisten Läufern, sich allmählich an die Hitze anzupassen. Zumindest werden Ihre Läufe jedoch angenehmer sein. **Anmerkung:** Treffen Sie auf jeden Fall Vorsichtsmaßnahmen.
2. Wenn Sie laufen müssen, wenn die Sonne scheint, sollten Sie sich eine schattige Strecke wählen. Der Schatten bedeutet in Zonen mit geringer Luftfeuchtigkeit eine erhebliche und in Zonen mit hoher Luftfeuchtigkeit eine gewisse Erleichterung.
3. In Zonen mit geringer Luftfeuchtigkeit herrschen abends und nachts meist kühlere Bedingungen. In Zonen mit hoher Luftfeuchtigkeit ist dies jedoch nicht immer der Fall.
4. Sorgen Sie dafür, dass Sie bei heißen Bedingungen auch drinnen trainieren können. Wenn Sie auf einem Laufband laufen, können Sie auch in klimatisierten Räumen trainieren. Wenn Sie das Training auf einem Laufband zu langweilig finden, können Sie abwechselnd Intervalle zu je 5-10 Minuten draußen und drinnen absolvieren.
5. Tragen Sie keine Kopfbedeckung! Sie geben die meiste Körperwärme über Ihre Schädeldecke ab. Wenn Sie also Ihren Kopf bedecken, besteht die Konsequenz darin, dass Ihre Körpertemperatur schneller ansteigt.
6. Tragen Sie leichte Kleidung, aber keine Baumwolle. Viele der neuen, technischen Fasern (Polypro, Coolmax, Drifit usw.) transportieren die Feuchtigkeit von Ihrer Haut weg, was zu einem Kühleffekt führt. Baumwolle saugt den Schweiß auf, wodurch die Bekleidung schwerer wird, ohne dass dies zu einem Kühleffekt führt.
7. Gießen Sie sich Wasser über Ihren Kopf. Verdunstung fördert nicht nur den Kühleffekt, sondern sorgt auch dafür, dass Sie sich kühler fühlen. Wenn Sie Eiswasser mit sich führen können,

fühlen Sie sich viel kühler, wenn Sie sich regelmäßig etwas davon über Ihren Kopf schütten.

8. Absolvieren Sie Ihre Lauf-Walking-Einheit in Abschnitten. So ist es z. B. eine gute Idee, die Gesamtdauer von 30 Minuten auf 10 Minuten am Morgen, 10 Minuten mittags und 10 Minuten abends zu verteilen. Den langen Lauf sollten Sie jedoch am Stück absolvieren.

9. Legen Sie eine Pause im Pool oder unter der Dusche ein. Während eines Laufs hilft es ungemein, für 2-4 Minuten in einen Pool oder unter eine Dusche zu springen. Einige Läufer in heißen Gegenden laufen um ihren Block und halten sich auf jeder Runde den Wasserschlauch über den Kopf. Ein Sprung in einen Pool senkt auch die Körpertemperatur. Ich bin bei einer Temperatur von 36° C in Florida gelaufen, wobei ich einen 8 km langen Lauf in drei Abschnitte zu je ca. 2,6 km unterteilt habe. Zwischen den Abschnitten habe ich mich 2-3 Minuten im Wasser abgekühlt und bin dann weitergelaufen. Erst am Ende jedes Abschnitts stieg meine Körpertemperatur wieder an.

10. Schützen Sie sich vor der Sonne mit Sonnenschutzmitteln. Einige Produkte erzeugen jedoch einen Film auf der Haut, was die Schweißausscheidung verlangsamt und zu einem Anstieg der Körpertemperatur führt. Wenn Sie nur 10-30 Minuten am Stück in der Sonne sind, brauchen Sie keine Creme zur Krebsvorbeugung aufzutragen. Lassen Sie sich von einem Hautarzt hinsichtlich Ihrer besonderen Bedürfnisse beraten – oder suchen Sie nach einem Produkt, das die Poren nicht verstopft.

11. Trinken Sie bei heißem Wetter den ganzen Tag über mindestens alle zwei Stunden oder wenn Sie durstig sind 0,2-0,3 l eines Sportgetränks oder Wasser.

12. Schauen Sie sich das Bekleidungsthermometer am Ende dieses Abschnitts an. Tragen Sie locker sitzende Kleidung, deren Gewebe etwas Textur enthält. Textur klebt nicht am Körper fest und reduziert bzw. verhindert die dadurch verursachte Perspiration.

13. Wenn Sie an einem heißen Tag keine andere Wahl haben, als draußen zu trainieren, haben Sie meine Erlaubnis, Ihre Laufschuhe zu pflegen – vorzugsweise in einer klimatisierten Umgebung.

Geringere Belastung bei hohen Temperaturen

Wenn die Temperatur über 13° C ansteigt, erzeugt Ihr Körper Wärme, aber die meisten Läufer müssen bis 16° C ihr Tempo nicht reduzieren. Wenn Sie früh genug die Belastung senken, halten Sie das Training durch und müssen Ihr Tempo zu diesem Zeitpunkt nicht deutlich verringern. Die Basislinie für die folgende Tabelle ist 14° C:

Zwischen 14° und 17° C	Reduzieren Sie Ihr Tempo um 20 Sekunden pro Kilometer, gemessen an dem Tempo, das Sie bei 14° C laufen würden.
Zwischen 18° und 19° C	Reduzieren Sie Ihr Tempo um 40 Sekunden pro Kilometer, gemessen an dem Tempo, das Sie bei 14° C laufen würden.
Zwischen 19° und 22° C	Reduzieren Sie Ihr Tempo um 1 min pro Kilometer, gemessen an dem Tempo, das Sie bei 14° C laufen würden.
Zwischen 23° und 25° C	Reduzieren Sie Ihr Tempo um 1:20 min pro Kilometer, gemessen an dem Tempo, das Sie bei 14° C laufen würden.
Über 25°	Seien Sie vorsichtig und treffen Sie zusätzliche Vorbeugungsmaßnahmen, um einen Hitzschlag zu verhindern. Oder ... trainieren Sie drinnen. Oder ... pflegen Sie Ihre Schuhe neben der Klimaanlage.

Hitzschlagalarm!

Es ist zwar unwahrscheinlich, dass Sie einen Hitzschlag erleiden, aber je länger Sie in einer heißen (und/oder feuchten) Umgebung trainieren, desto mehr steigern Sie die Wahrscheinlichkeit dieser gefährlichen Situation. Aus diesem Grund empfehle ich, dass Sie Ihr Training bei Hitze und angesichts der Tatsache, dass Sie draußen trainieren müssen, in kleine Abschnitte unterteilen. Achten Sie auf Ihre eigenen Reaktionen und die Reaktionen Sie umgebender Läufer auf Hitze. Wenn eines der Symptome auftritt, ist dies normalerweise kein Problem, es sei denn, Sie empfinden einen erheblichen Disstress. Wenn jedoch mehrere Symptome zusammentreffen, sollten Sie handeln, denn ein Hitzschlag kann zum Tod führen. Es ist auf jeden Fall besser, vorsichtig zu sein: Brechen Sie die Trainingseinheit ab und kühlen Sie sich ab.

Symptome

- Intensive Hitzebildung am Kopf.
- Allgemeine Überhitzung des Körpers.
- Starke Kopfschmerzen.
- Starke Übelkeit.
- Allgemeine Verwirrung und Konzentrationsverlust.
- Verlust der muskulären Kontrolle.
- Übermäßiges Schwitzen, dann plötzliches Aufhören der Schweißausscheidung.
- Klebrige Haut.
- Exzessiv schnelle Atmung.
- Muskelkrämpfe.
- Schwächegefühl.

Risikofaktoren

- Viren- oder Bakterieninfektion.
- Medikamenteneinnahme – besonders Medikamente gegen Erkältungen, Diuretika, Medikamente gegen Durchfall, Antihistamine, Atropin, Scopolamine, Beruhigungsmittel.
- Dehydration (vor allem auf Grund von Alkoholkonsum).
- Schwerer Sonnenbrand.
- Übergewicht.
- Mangelndes Hitzetraining.
- Über das gewohnte Maß hinausgehende Belastung.
- Frühere Hitzschläge.
- Mehrere Nächte mit extremer Schlaflosigkeit.
- Bestimmte medizinische Bedingungen, z. B. hohe Cholesterinkonzentration, hoher Blutdruck, extremer Stress, Asthma, Diabetes, Epilepsie, Drogenkonsum (einschließlich Alkohol), Herz-Kreislauf-Erkrankungen, Rauchen, geringe allgemeine Fitness.

Werden Sie aktiv!
Rufen Sie die Notarztnummer an

Handeln Sie nach Ihrem besten Wissen, aber in den meisten Fällen sollte jeder, der zwei oder mehr dieser Symptome aufweist, in eine kühle Umgebung gebracht und sofort medizinisch versorgt werden. Eine ausgesprochen effektive Methode der Abkühlung ist das Eintauchen von Handtüchern, Laken oder Kleidungsstücken in kühles oder kaltes Wasser und das Einwickeln des Hitzegeschädigten in dieselben. Wenn Eis vorhanden ist, sollten Sie etwas Eis über die nassen Stoffe streuen.

Hitzeanpassungstraining

Wenn Sie sich regelmäßig hoher Körperwärme aussetzen, lernt Ihr Körper, damit besser umzugehen. Wie bei allen Trainingskomponenten ist es wichtig, dies regelmäßig zu tun. Sie sollten am Ende der Trainingseinheit schwitzen, obwohl das Ausmaß und die Dauer des Schwitzens individuell verschieden sind. Wenn die Hitze besonders hoch ist, sollten Sie den Umfang reduzieren.

- Sie sollten das Hitzeanpassungstraining an einem kurzen Lauftag 1 x pro Woche absolvieren.
- Trainieren Sie den Lauf-Walking-Umfang, den Sie normalerweise absolvieren, und wählen Sie ein bequemes Tempo.
- Wärmen Sie sich mit fünf Minuten Walking auf und ab.
- Die Temperatur sollte zwischen 22 und 27° C betragen, um beste Ergebnisse zu erzielen.
- Brechen Sie die Trainingseinheit bei den ersten Anzeichen von Übelkeit oder deutlicher Hitzebelastung ab.
- Wenn die Temperatur unter 19° C beträgt, können Sie zusätzliche Kleidung anziehen, um eine höhere Temperatur zu simulieren.
- Bei der ersten Einheit sollten Sie 3-4 Minuten in der Hitze laufen und walken.
- Bei jeder folgenden Einheit sollten Sie 2-3 Minuten hinzufügen.

WICHTIGER HINWEIS
Lesen Sie den Abschnitt zum Hitzschlag und brechen Sie diese Trainingseinheit ab, wenn Sie auch nur ansatzweise das Gefühl haben, dass Ihnen übel wird, dass Sie die Konzentration verlieren oder nicht mehr in der Lage sind, Ihren Zustand bewusst zu kontrollieren usw.

TIPP: Aufrechterhaltung der Hitzetoleranz im Winter

Indem Sie zusätzliche Bekleidungsschichten anziehen, sodass Sie innerhalb von 3-4 Minuten während Ihrer Lauf-Walking-Einheit schwitzen, können Sie einen Großteil Ihrer Anpassungen an die Sommerhitze, die Sie sich mit so großer Mühe erarbeitet haben, beibehalten. Laufen Sie insgesamt 5-12 Minuten in einem lockeren Tempo.

Zum Umgang mit Kälte

Obwohl ich die meisten meiner Läufe bei Temperaturen von über 14° C absolviert habe, bin ich auch schon bei -34° C gelaufen. Ich habe mich auf den betreffenden Lauf ausgiebig vorbereitet und so viele Bekleidungsschichten übereinander angezogen, wie ich in meinem Koffer finden konnte. Als ich meinen Winter-Laufleiter vor dem Lauf traf, kontrollierte er kurz meine Kleidung und stellte fest, dass ich noch zu wenig anhatte. Nach zusätzlichen zwei Schichten war ich dann endlich laufbereit.

Welche Kleidungsstücke ein Läufer trägt, vor allem diejenigen, die direkt auf seiner Haut aufliegen, muss jeder selbst entscheiden. Ich werde hier nicht in Details gehen, da sich die Technik schnell ändert. Im Allgemeinen sollte die erste Bekleidungsschicht angenehm zu tragen und nicht zu dick sein. Es gibt heute eine Reihe von Geweben, meist handgefertigt, die die Körperwärme nahe der Haut festhalten, sodass Sie warm gehalten werden, aber vermeiden Sie eine Überhitzung. Die meisten dieser Gewebe sorgen dafür, dass Feuchtigkeit, z. B. Schweiß und Regen, von Ihrer Haut wegtransportiert wird – sogar während Sie laufen und walken. Dies trägt nicht nur im Winter zu Ihrem Wohlbefinden bei, sondern verhindert auch nahezu gänzlich, dass Sie sich auf Grund von nasser Haut in einem kalten Wind erkälten.

LAUFEN – DER PERFEKTE EINSTIEG

Laufen bei Winterkälte

1. Verlängern Sie Ihre Mittagspause, wenn Sie draußen laufen wollen, denn der Mittag ist meist die wärmste Tageszeit. Es ist daher möglicherweise erforderlich, dass Sie früher als gewöhnlich zur Arbeit erscheinen (oder sonstige Erledigungen machen). Die Mittagssonne sorgt dafür, dass Ihr Lauf viel angenehmer wird – selbst wenn es sehr kalt ist.
2. Wenn der frühe Morgen die einzige Zeit ist, zu der Sie laufen können, sollten Sie sich warm anziehen. Das „Bekleidungsthermometer" am Ende dieses Abschnitts hilft Ihnen dabei, sich für die jeweilige Temperatur richtig und nicht zu warm anzuziehen.
3. Laufen Sie zu Beginn gegen den Wind, vor allem, wenn Sie eine Pendelstrecke laufen. Wenn Sie die erste Hälfte Ihres Laufs mit Rückenwind absolvieren, neigen Sie zum Schwitzen. Wenn Sie sich dann in einen kalten Wind drehen, werden Sie erheblich abkühlen.
4. Wenn sich ein Fitnessklub in Ihrer Nähe befindet, ist dies ein Ort, wo Sie drinnen trainieren und Ihr Training vielseitig gestalten können. Stehen in dem Klub auch noch Laufbänder zur Verfügung, können Sie der Windkälte entgehen. Ich habe mit vielen Läufern gearbeitet, die weder auf Laufbändern noch länger als 15 Minuten in der Kälte laufen wollen. Ihre Lösung besteht darin, Abschnitte von 7-15 Minuten abzuwechseln – ein Abschnitt drinnen, der folgende Abschnitt draußen. Betrachten Sie den Übergang als Gehpause. Fitnessklubs erweitern Ihren Trainingshorizont, indem sie eine Vielfalt alternativer Übungen anbieten.
5. An einem Ihrer Trainingstage könnten Sie einen Triathlon absolvieren. Sie können Übungen außerhalb Ihres Zuhauses absolvieren oder in einem Fitnessklub. Mehr Informationen finden Sie im Absatz zum „Wintertriathlon" (s. S. 206).
6. Suchen Sie sich eine geräumige, überdachte Trainingsmöglichkeit in der Nähe Ihres Büros oder Ihrer Wohnung. In Houston benutzen Läufer die Tunnel unterhalb der Stadtstraßen. In vielen Städten der nördlichen Hemisphäre gibt es überdachte Überführungen, die Läufer und Walker benutzen können, wenn

der Verkehr dies erlaubt. Gewölbe, Einkaufspassagen und Verwaltungszentren stehen Läufern und Walkern oft zumindest zu bestimmten Zeiten zur Verfügung.

7. Tragen Sie eine Kopfbedeckung! Sie verlieren den Großteil Ihrer Körperwärme über Ihre Schädeldecke. Wenn Sie Ihren Kopf bedecken, konservieren Sie Ihre Körperwärme und bleiben warm.
8. Schützen Sie Ihre Extremitäten vor der Windkälte, der Sie beim Laufen und Walken in der Kälte ausgesetzt sind! Schützen Sie Ihre Ohren, Hände, Ihre Nase und ganz allgemein Ihr Gesicht. Sie sollten auch darauf achten, ausreichend dicke Socken zu tragen. Männer sollten eine zusätzliche Unterhose tragen.
9. Absolvieren Sie Ihre Lauf-Geh-Einheit in Abschnitten. Es ist o. k., wenn Sie an einem wirklich kalten Tag Ihre 30 Minuten z. B. in jeweils 10-Minuten-Abschnitte am Morgen, Mittag und Abend aufteilen.
10. Wärmen Sie sich auf, indem Sie, bevor Sie sich in die Kälte begeben, drinnen auf der Stelle gehen und laufen. Wenn es Ihnen während eines Laufs wirklich kalt wird, hilft es, zwischendurch 2-4 Minuten drinnen zu walken. Einige Läufer planen ihre Gehpausen so, dass sie diese in öffentlichen Gebäuden, in denen das Walken erlaubt ist, durchführen können.
11. Schützen Sie Ihre der Witterung ausgesetzte Haut an kalten Tagen mit Vaseline. Eine dieser Zonen ist z. B. die Haut um die Augen herum, die durch eine Skimaske oder Ähnliches nicht abgedeckt wird.
12. Wenn Sie im Winter draußen oder drinnen trainieren, verlieren Sie fast genauso viel Flüssigkeit über den Schweiß wie in den warmen Monaten. Sie sollten daher noch immer mindestens 0,1-0,2 l eines Sportgetränks oder Wasser mindestens alle zwei Stunden, oder wenn Sie durstig sind, den ganzen Tag über trinken.
13. Ein weiterer Tipp: Schauen Sie sich das "Bekleidungsthermometer" am Ende dieses Abschnitts an und nutzen Sie es für Ihre Situation.

Wintertriathlon

Gestalten Sie Ihre Wintertrainingseinheiten intensiver, indem Sie während Ihres Trainings drei oder mehr Segmente absolvieren. Das Ganze funktioniert folgendermaßen:

1. Wählen Sie einen Wochentag für Ihren Triathlon aus. Wählen Sie drei Aktivitäten.
2. Freiluftaktivitäten: Laufen-Walken, Skilanglauf, Eislaufen, Schneeschuhlaufen usw.
3. Innenaktivitäten im Fitnessklub: Laufen-Gehen, Schwimmen, Stepper, Fahrradergometer, Rudermaschine usw.
4. Innenaktivitäten zu Hause: Trainingsmaschinen, Treppen, Gewichttraining, Situps, Seilspringen, Laufen auf der Stelle, Aerobic anhand eines Videos.
5. Wechseln Sie diese Aktivitäten alle 5-10 Minuten ab.
6. Wenn Sie wollen, können Sie Buch darüber führen, wie viel Sie auf jeder Maschine trainieren, wie viele Kilometer Sie laufen, wie viele Minuten Sie jeder einzelnen Aktivität widmen usw.
7. Weiten Sie Ihr Programm zu einem Fünf- oder Zehnkampf aus.
8. Kombinieren Sie, wenn Sie wollen, Aktivitäten draußen und drinnen, erstellen Sie eine „Weltrekord"-Liste.

Bekleidungsthermometer

Nach jahrelanger Arbeit mit Menschen in unterschiedlichen Klimazonen möchte ich folgende Bekleidungsempfehlungen auf der Basis der Temperatur geben. Wie immer, sollten Sie nur das übernehmen, was bei Ihnen am besten funktioniert. Die allgemeine Regel lautet, dass Sie Ihre Kleidungsstücke erstrangig auf Grund ihrer Funktion wählen. Und denken Sie daran, dass die Bekleidungsschicht, die am wichtigsten für Ihr Wohlbefinden ist, diejenige ist, die Sie auf Ihrer Haut tragen. Bekleidungsstücke aus Polypro, Coolmax, Drifit usw. bieten im Winter eine ausreichende Wärmeisolation und geben gleichzeitig übermäßige Wärme ab. Im Sommer und Winter sorgen sie dafür, dass Feuchtigkeit von der Haut wegtransportiert wird – sodass Sie bei warmem Wetter einen Kühleffekt haben und im Winter vor Kälte geschützt werden.

TEMPERATUR	KLEIDUNGSSTÜCKE
14° C oder höher	Tanktop oder Singlet und Shorts.
9 bis 13° C	T-Shirt und Shorts.
5 bis 8° C	Langärmeliges, leichtes Shirt, Shorts oder Tights (oder lange Hosen aus Nylon), Fausthandschuhe oder Fingerhandschuhe.
0 bis 4° C	Langärmeliges, mittelschweres Shirt und ein weiteres T-Shirt, Tights und Shorts, Socken, Fausthandschuhe oder Fingerhandschuhe und eine Mütze, die die Ohren bedeckt.
-4 bis -1° C	Langärmeliges, mittelschweres Shirt, ein weiteres T-Shirt, Tights und Shorts, Socken oder Fausthandschuhe oder Fingerhandschuhe und eine Mütze, die die Ohren bedeckt.
-8 bis -3° C	Langärmeliges, mittelschweres Shirt und ein weiteres mittelschweres bis schweres Shirt, Tights und Shorts, Nylonwindanzug aus Oberteil und Hose, Socken, warme Fausthandschuhe und eine Mütze, die die Ohren bedeckt.
-12 bis -7° C	Zwei mittelschwere bis schwere langärmelige Tops, dicke Tights, warme Unterwäsche (vor allem für Männer), mittelschwerer bis schwerer Aufwärmanzug, Fingerhandschuhe und warme Fausthandschuhe, eine Skimaske, eine Mütze, die die Ohren bedeckt, und Vaseline auf allen freien Hautpartien.
-18 bis -11° C	Zwei schwere langärmelige Tops, Tights und dicke Tights, warme Unterwäsche (und ein Suspensorium für Männer), dicker Aufwärmanzug (Oberteil und Hose), Fausthandschuhe über Fingerhandschuhe, dicke Skimaske und eine Mütze, die die Ohren bedeckt, Vaseline auf allen freien Hautpartien, dickere Socken und weiterer Fußschutz, falls nötig.
Unter -20° C	Fügen Sie weitere Kleidungsschichten nach Bedarf hinzu.

LAUFEN – DER PERFEKTE EINSTIEG

Worauf Sie verzichten sollten

1. Eine warme Jacke im Winter. Wenn die Bekleidungsschicht zu dick ist, erhitzen Sie sich, schwitzen übermäßig und kühlen zu sehr aus, wenn Sie die Jacke ausziehen.
2. Nackter Oberkörper im Sommer. Ein Gewebe, das einen Teil der Feuchtigkeit festhält, gibt Ihnen beim Laufen und Walken einen besseren Kühleffekt.
3. Zu viel Sonnencreme – sie kann das Schwitzen behindern.
4. Zu dicke Socken im Sommer. Ihre Füße schwellen an und der Druck der Socken kann das Risiko eines schwarzen Fußnagels und von Blasen erhöhen.
5. Ein limonengrünes Shirt mit rosa Punkten (es sei denn, Sie haben sehr viel Selbstvertrauen und/oder können schnell laufen).

27 Ausreden

Jeder von uns hat Tage, an denen er keine Lust zum Laufen hat. An einigen dieser Tage benötigen Sie wahrscheinlich einen Ruhetag, weil Sie zu viel gelaufen sind oder Sie sollten einer anderen körperlichen Aktivität nachgehen. Aber dies werden Sie normalerweise nicht tun. Tatsache ist, dass, wenn wir dem Alltagsstress ausgesetzt sind (Und wer ist das nicht?), die linke Hirnhälfte Dutzende guter Gründe liefert, warum wir auf das Laufen verzichten sollten. Alle diese Gründe sind absolut logisch und richtig.

Jeder von uns kann wählen, ob er die Ausrede akzeptiert oder nicht. Wenn Sie jedoch schnell kontrolliert haben, ob es einen medizinischen (oder einen anderen legitimen) Grund gibt, warum Sie nicht laufen sollten, werden Sie meistens zu der Schlussfolgerung gelangen, das Ihre linke Gehirnhälfte nur versucht, Sie zur Faulheit zu überreden.

Planen Sie Ihr Training sorgfältig und es besteht kein Grund, es nicht zu absolvieren. Sie entdecken Zeittaschen, mehr Energie, Zeit, die Sie mit den Kindern verbringen, und mehr Vergnügen an der Aktivität, als Sie für sich für möglich gehalten haben.

Im Folgenden finden Sie eine Liste von gebräuchlichen Ausreden. Sie erhalten für jede einzelne Tipps, wie man sie entkräftet. Meistens ist dies so leicht, wie einfach vor die Tür zu gehen. Aber grundsätzlich treffen Sie die Entscheidung. Wenn Sie die Verantwortung über Ihren Plan und Ihre Einstellung übernehmen, werden Sie im Voraus planen. Wenn Sie lernen, Ihre linke Gehirnhälfte zu ignorieren und einen Fuß vor den anderen zu setzen, werden Endorphine freigesetzt und Sie genießen das Training.

Das Leben ist schön!

LAUFEN – DER PERFEKTE EINSTIEG

Ich habe keine Zeit zum Laufen

Die meisten der letzten US-Präsidenten sind Läufer gewesen, ebenso die meisten ihrer Vizepräsidenten. Sind Sie beschäftigter als der Präsident? Es gibt immer Zeittaschen, fünf Minuten hier, 10 Minuten dort, in die Sie eine Lauf-Walking-Einheit einschieben können.

Mit Planung finden Sie pro Tag mehrere halbe Stunden. Viele Läufer stellen fest, dass sie, je besser sie in Form kommen, weniger Schlaf benötigen, was ihnen frühmorgens zusätzliche Zeit gibt.

Alles läuft auf die Frage hinaus: „Übernehmen Sie die Kontrolle über Ihre Tagesorganisation oder nicht?" Wenn Sie Ihren Tagesplan überprüfen, entdecken Sie normalerweise einige Zeitblöcke, die es Ihnen erlauben, andere Dinge zu tun. Indem Sie sich die Zeit für einen Lauf nehmen, neigen Sie auch dazu, produktiver und effizienter zu sein, das heißt, Sie erhalten mehr Zeit zurück, als Sie durch das Laufen verlieren. Das Fazit ist, dass Sie die Zeit haben – nehmen Sie sich die Zeit und Ihr Leben bekommt eine höhere Qualität.

Der Lauf macht mich müde

Wenn dies geschieht, sind Sie selbst verantwortlich. Sie haben nahezu die völlige Kontrolle über diese Situation. Indem Sie ein moderates Tempo einschlagen und das richtige Verhältnis von Lauf- und Gehabschnitten wählen, fühlen Sie sich nach dem Lauf besser und haben mehr Energie als vor dem Lauf.

Wenn Sie zu Beginn zu schnell laufen, sollten Sie die Kontrolle über sich gewinnen! Gehen Sie zu Beginn mehr und verlangsamen Sie Ihr Lauftempo. Wenn Sie lernen, das Tempo zu verlangsamen, werden Sie in der Lage sein, mit mehr Energie weiterzukommen.

LAUFEN – DER PERFEKTE EINSTIEG

Ich muss Zeit mit meinen Kindern verbringen

Es gibt Kinderwagen, die man beim Laufen mitführen kann. Meine Frau und ich sind mit unserem ersten Kind Tausende von Kilometern mit einem einzigen „Babyjogger" gelaufen. Nach Ankunft unseres zweiten Kindes haben wir uns einen Zwillingswagen angeschafft. Wenn Sie Ihr Tempo richtig gestalten, können Sie sich mit den Kindern, die weder weglaufen noch wegkrabbeln können, über alles unterhalten. Schade ist nur, dass es noch kein Modell für Teenager gibt.

Weil Sie mit den Kindern eng zusammen sind, werden Sie mit ihnen mehr reden und mehr Feedback bekommen, als wenn Sie andere Aktivitäten zusammen unternehmen würden. Indem Sie Ihre Kinder auf Ihre Lauf-Geh-Einheiten mitnehmen, praktizieren Sie ein neues Rollenmodell: Obwohl Sie beschäftigt sind, nehmen Sie sich Zeit für das Training und verbringen Zeit mit den Kindern.

Ich habe zu viel zu tun

Es wird immer etwas zu tun geben. In mehreren Untersuchungen hat man herausgefunden, dass Läufer an den Tagen, an denen sie laufen, mehr schaffen. Laufen bringt mehr Energie und führt zu einer besseren Einstellung. Es reduziert Stress. Hunderte von Läufern haben mir gesagt, dass sie durch einen Lauf am frühen Morgen besser als durch irgendeine andere Aktivität die Zeit und die mentale Energie gewonnen haben, den Tag zu organisieren.

Andere sagten, dass der Lauf nach der Arbeit ihnen die Gelegenheit gegeben hat, Stress abzubauen und ihre fünf Sinne nach der Büroarbeit wieder zu sammeln. Auf jeden Fall werden Sie, wenn Sie regelmäßig laufen, jeden Tag genauso viel (eventuell sogar mehr) schaffen. Es liegt bei Ihnen, die Verantwortung zu übernehmen und das Laufen in Ihren Tagesablauf einzubauen.

Ich habe heute keine Energie zum Laufen

Diese Problem lässt sich am leichtesten lösen. Die meisten Läufer, mit denen ich gearbeitet habe, die diese Entschuldigung vorbrachten, hatten tagsüber zu wenig gegessen. Ich meine nicht, dass Sie mehr Nahrung zu sich nehmen müssen. In den meisten Fällen nimmt die Gesamtmenge des Essens ab. Wenn sie etwa alle 2-3 Stunden essen, haben die meisten Menschen das Gefühl, längere Zeit mehr Energie zu haben. Selbst wenn Sie tagsüber nichts Vernünftiges essen, können Sie einem Blutzuckerabfall vorbeugen, indem Sie etwa eine Stunde vor dem Lauf einen energiehaltigen Snack zu sich nehmen. Koffein hilft auch, sofern Sie dagegen nicht überempfindlich sind. Mein dynamisches Nahrungsduo besteht aus einem Energieriegel und einer Tasse Kaffee. Sorgen Sie einfach dafür, dass Sie etwas Essbares bei sich haben und tanken Sie vor Ihrem Lauf Energie.

Ich habe meine Laufschuhe und Laufsachen nicht dabei

Nehmen Sie eine alte Tasche und stecken Sie ein Paar Laufschuhe, ein Oberteil sowohl für den Winter als auch für den Sommer, Shorts und Aufwärmhosen, ein Handtuch, Deodorant und alles andere, was Sie für einen Lauf und die Dusche danach benötigen, hinein. Platzieren Sie diese Tasche in der Nähe Ihrer Eingangstür, im Kofferraum Ihres Autos oder wo auch immer. Wenn Sie dann das nächste Mal auf Ihr Kind warten, das vom Fußballspiel kommt, können Sie sich auf der Toilette schnell umziehen und einige Runden um den Sportplatz drehen.

Ich würde lieber auf dem Sofa sitzen und Süßigkeiten essen

O. k., nun ist es Zeit für Ihren „Test". Wie ist Ihre Reaktion auf diese Botschaft?

28 Was ist mit den Kindern?

Laufen ist eine sehr natürliche Aktivität für Kinder – aber sie werden dies leugnen. Gerade wenn Sie wollen, dass Ihr Sohn bei Ihnen bleibt, startet Ihr Sohn, der an jedem Tag der Woche Videospiele körperlicher Aktivität vorzieht, zu einem Lauf durch den überfüllten Gang eines Supermarkts oder durch eine Einkaufspassage – wobei er mit einem breiten Lächeln auf seinem Gesicht verschwindet. Während Sie sich mit einem anderen Elternteil in der Fuhrparkschlange unterhalten und nach Hause müssen, sehen Sie, wie Ihre Tochter (die behauptet, körperliche Aktivitäten zu hassen) immer wieder hinter einer Freundin herrennt und dabei lacht.

Wenn das Laufen also spontan erfolgt, haben Kinder normalerweise nichts dagegen – in Spielgruppen, beim Fußball, während der Schulpausen, auf nahezu jedem freien Platz mit anderen Kindern. Wenn Kinder auf diese Art und Weise laufen, fühlen sie sich gut und lernen, dass sie laufen können – dass sie Läufer sind. Sie werden zwar immer noch nicht zugeben, dass sie gerne laufen, aber Sie sehen, dass sie es tun, wenn ihnen die Gelegenheit gegeben wird.

Strukturierte, leistungsorientierte Laufprogramme für Kinder sind selten erfolgreich. Ich glaube, das liegt daran, dass es sich beim Langstreckenlauf um eine introvertierte Aktivität handelt. Die inneren Vorteile versteht oder schätzt man erst, wenn man erwachsen ist.

Es ist schade, dass viele talentierte Kinder mental ausbrennen, wenn sie in Leistungsgruppen laufen. Der individualisierte Wettkampf setzt die Kinder einem Druck aus, den nur wenige von ihnen bewältigen können.

Der wichtigste Einfluss für Kinder ist ein Beispiel. Wenn Sie von einem Lauf heimkehren und sagen, wie gut Sie sich fühlen und wie positiv der Lauf sich auf Ihre Einstellung ausgewirkt hat, werden die Kinder dies in ihrem Unterbewusstsein „speichern". Wenn Sie jedoch davon berichten, wie sehr Ihre Knie schmerzen, dass der Lauf hart war, dass Sie nahe daran waren, sich zu erbrechen, können Sie dreimal raten, welche Einstellung Ihre Kinder zum Laufen gewinnen.

Spielerische Fangspiele stellen eine gute Methode dar, Kinder zum Laufen hinzuführen. Gehen Sie einmal in der Woche in einen Park und üben Sie dort Aktivitäten aus, zu denen das Laufen gehört. Genauso wichtig ist es, dass Sie sich danach darüber unterhalten, wie gut sich alle fühlen, sowohl in psychischer als auch in körperlicher Hinsicht. Es tut auch nicht weh, wenn man die Kinder belohnt. Dies könnte ein Kinobesuch sein, ein Essen in einem Lieblingsrestaurant, ein Laufshirt oder irgendetwas Lustiges, wobei das Letztgenannte genauso wirkungsvoll ist wie alles andere.

Wenn Sie einen lauforientierten Sport finden können, der Ihrem Kind Spaß macht, wird Ihr Sohn oder Ihre Tochter in Form kommen und gleichzeitig Sportlerfreundschaften schließen. Versuchen Sie, eine Mannschaft zu finden, die einen positiv eingestellten Trainer hat, der den Kindern behutsam dabei hilft, ihre Fertigkeiten zu entwickeln, und die Kinder positiv unterstützt, wenn sie tun, was er sagt. Es ist auch in Ordnung, Kinder, die Schabernack treiben, zurechtzuweisen. (Sie sollten allerdings keinen Trainer wählen, der das Laufen als Strafmaßnahme einsetzt.) Viele Läufer haben in der High School oder im College über das Fußballspiel zum Sport gefunden. Junge Fußballspieler laufen sehr viel, ohne dass ihnen dies bewusst ist.

Meine beiden Söhne sind zu College-Langstreckenläufern geworden. Noch befriedigender als ihre Leistungen ist, dass sie rausgehen und laufen, ohne dass sie jemand dazu auffordern muss. Irgendwie haben sie es geschafft, die Sache in den Griff zu bekommen, und dass trotz eines Vaters (und einer Mutter), die beide zwanghaft laufen.

29 Fehlende Motivation

Sind Sie müde, wenn Sie Ihren Lauf beginnen oder nachdem Sie eine kurze Strecke gelaufen sind?

Dies liegt oft an einem niedrigen Blutzuckerspiegel. Essen Sie einen Energieriegel und trinken Sie ungefähr eine Stunde vor Ihrer Lauf-Walking-Trainingseinheit eine Tasse Kaffee (oder einen Saft Ihrer Wahl).

Laufen Sie immer die gleiche Strecke?

Wenn Sie ständig die gleiche Strecke zurücklegen, ändern Sie Ihre Laufstrecke! Suchen Sie mindestens 1 x pro Woche eine landschaftlich reizvolle Gegend auf. Es gibt Läufer, die es motivierender finden, wenn sie durch die Stadt laufen, während andere es nicht abwarten können, bis sie auf Waldwegen laufen können. Es ist gleichgültig, welche Gegend Sie motiviert, Sie sollten den Flecken aufsuchen, der Sie motiviert.

Trainieren Sie öfter als 3 x in der Woche mit einer ziemlich hohen Intensität?

Wenn Sie müde oder einfach unmotiviert sind, ist es möglich, dass Sie eine vorübergehende „Burn-out-Mauer" erreicht haben. Trainieren Sie wieder nur jeden zweiten Tag, bis Sie spüren, dass die Motivation wiederkommt. Die meisten Läufer in dieser Lage stellen fest, dass es ihnen hilft, wenn sie zunächst nur 10 Minuten pro Einheit trainieren. Nach 1-2 Wochen werden 10 Minuten nicht mehr genug sein.

Laufen Sie in einer Gruppe?

Die richtige Gruppe hält Ihre Motivation aufrecht. Während Sie laufen, erzählen Sie sich Geschichten, Witze ... Sie unterhalten sich über Ihr Leben. Das Laufen in einer Gruppe hat etwas Bodenständiges, wodurch Sie ermuntert werden, Sie selbst zu sein und sich mit anderen auszutauschen. Sie werden den Spaß in der Gruppe nicht mehr missen wollen.

Absolvieren Sie jeden Tag dieselbe Distanz?

Wenn Sie diese Frage bejahen können, sollten Sie die Streckenlänge variieren. Absolvieren Sie 1 x in der Woche einen langen Lauf, einmal einen kurzen und 1 x einen mittleren Lauf. In der Abwechslung liegt die Würze des Laufens.

Laufen Sie täglich mit demselben Tempo?

Wenn jeder Tag gleich ist, geraten Sie in eine langweilige Routine. Laufen Sie bei Ihrem langen Lauf sehr langsam. An Ihrem kurzen Lauftag laufen Sie einzelne einminütige Abschnitte schneller, als Sie normalerweise laufen (sprinten Sie jedoch nicht, laufen Sie einfach schneller als normal). Es gibt mehrere Varianten, die Sie an den anderen Tagen durchführen können. Schauen Sie sich die Schrittfrequenzübung in diesem Buch an. Diese Übung wird Ihnen nicht nur helfen, leichter und schneller zu laufen, sondern das Zählen der Schritte über 20 Sekunden lockert den Lauf auf und macht den Lauf unterhaltsamer.

Haben Sie ein Ziel?

Schauen Sie sich das Programm der Laufveranstaltungen in Ihrer Gegend an und suchen Sie sich ein Rennen aus, das Sie erfolgreich absolvieren wollen. Wenn Sie die betreffende Strecke zuvor schon einmal im Wettkampf zurückgelegt haben, können Sie auch versuchen, eine bestimmte Zeit zu erzielen. Ab dem Moment, ab dem Sie dieses Rennen im Kalender vermerkt haben, werden Sie jedem einzelnen Lauf mehr Sinn abgewinnen.

LAUFEN – DER PERFEKTE EINSTIEG

Haben Sie gerade ein Langzeitziel erreicht?

Wenn Sie mehrere Monate lang für eine herausfordernde Veranstaltung trainiert haben, ist es normal, dass Sie ein Tief erleben. Sie können dies vermeiden, indem Sie während der zwei Monate nach Erreichen Ihres Ziels eine Reihe motivierender Läufe absolvieren (in sozialer Hinsicht, durch schöne Landschaften oder Volkslaufwettbewerbe). Tragen Sie diese Läufe mindestens einen Monat vor Ihrem ersten Ziel in Ihren Kalender oder in Ihr Trainingstagebuch ein. Dadurch motivieren Sie sich mental, wodurch Sie besser von einem Ereignis zum nächsten kommen.

Notieren Sie Ihre Läufe in einem Trainingstagebuch?

Es wirkt motivierend, wenn Sie jeden Tag die absolvierten Kilometer aufschreiben. Oft ist es so, dass Sie sich, wenn Sie sich Ihre Eintragungen nach einiger Zeit wieder ansehen, darüber klar werden, warum Sie nicht motiviert sind: Vielleicht sind Sie während eines Monats zu viel gelaufen oder zu schnell usw.? Wenn Sie sich einmal daran gewöhnt haben, ein Lauftagebuch zu führen, werden Sie durch das Aufzeichnen Ihrer täglichen Kilometerleistungen Energie gewinnen – und Sie werden dazu motiviert, alles zu tun, um das Aufschreiben einer Null zu vermeiden.

Gönnen Sie sich selbst alle paar Läufe eine Belohnung?

Etwas Süßes nach einem langen Lauf, ein Pfannkuchenfrühstück nach einem Gruppenlauf sind zwei Beispiele dafür. Unsere Psyche reagiert positiv auf ein großes Spektrum von Verstärkungen: soziale Anerkennung, Bekleidungs- und Ausrüstungsgegenstände, emotionaler und geistiger Erfolg. Im Folgenden finden Sie einige Beispiele für diese Art von Erfolgserlebnissen:

*Nach einem harten Lauf –
„Heute musste ich mich echt überwinden, aber ich habe es geschafft. Ich fühle mich gut!"*

*Nach einem entspannenden Lauf –
„Es gibt keine bessere Methode, als den Stress mit solch einem Lauf abzubauen."*

*Nach Ihrem längsten Lauf des Jahres –
„Ich kann es kaum glauben, dass ich eine derartig lange Strecke geschafft habe!"*

*Nachdem Sie einen Lauf erfolgreich beendet haben,
obwohl Sie dachten, es nicht zu schaffen –
„Ich fühle mich so stark, dass ich alles schaffen könnte."*

Nach einem Lauf, der langsamer war, als Sie eigentlich wollten – „Ich bin Kilometer vor denen, die auf dem Sofa sitzen."

LAUFEN – DER PERFEKTE EINSTIEG

30 Häufige Fragen und Probleme

- Wiedereinstieg nach einer langen Laufpause
- Es tut weh!
- Keine Energie ...
- Seitenstiche
- An einem Tag fühle ich mich großartig – aber am nächsten Tag ...
- Keine Motivation
- Krämpfe in meinen Beinmuskeln
- Magenbeschwerden oder Durchfall
- Kopfschmerzen
- Sollte ich bei einer Erkältung laufen?
- Sicherheit auf der Straße
- Hunde
- Herzbeschwerden und Laufen

Wie beginne ich nach einer Pause wieder mit dem Training?

Je länger Sie mit dem Laufen ausgesetzt haben, desto langsamer müssen Sie beim Wiedereinstieg laufen. Ich möchte Sie bereits jetzt warnen, dass Sie einen Punkt erreichen werden, wenn Sie sich wieder so fühlen, als hätten Sie Ihre alte Form ganz und gar wiedergewonnen – aber dies ist nicht der Fall. Halten Sie sich an den folgenden Plan für den Wiedereinstieg und wenn Sie im Zweifel sind, laufen Sie noch langsamer. Denken Sie daran, dass es Ihnen um Langfristigkeit geht!

Eine Laufpause von weniger als zwei Wochen: Sie fühlen sich so, als ob Sie wieder neu anfangen würden, aber Sie sollten schnell wieder den Anschluss gewinnen. Angenommen, Sie befanden sich in der 20. Woche, mussten dann aber 10 Tage pausieren. Beginnen Sie in der ersten Woche wieder mit dem Programm Ihrer zweiten Laufwoche. Wenn alles gut geht, springen Sie in der zweiten Woche zum Programm der vierten oder fünften Woche. Wenn auch das gut läuft, sollten Sie im Verlauf der nächsten 2-3 Wochen allmählich wieder zu dem Programm übergehen, das Sie vor Ihrer Pause absolviert haben.

Eine Laufpause von 14-29 Tagen: Sie fühlen sich ebenfalls so, als ob Sie wieder neu anfangen würden, und es wird länger dauern, bis Sie Ihren alten Stand wiedererlangt haben: Innerhalb von 5-6 Wochen sollten Sie Ihr normales Level wieder erreicht haben. Verwenden Sie den Plan Ihrer Wahl (aus der ersten Woche) für zwei Wochen. Wenn Sie keine Beschwerden bekommen und wenn Sie keine schleichende Müdigkeit spüren, dann sollten Sie den Plan verwenden, aber jede zweite Woche überspringen. Nach der fünften Woche können Sie wieder zu dem Programm übergehen, das Sie vor Ihrer Pause durchgeführt haben.

Eine Laufpause von einem Monat oder länger: Wenn Sie einen Monat oder länger nicht gelaufen sind, sollten Sie wieder anfangen wie ein absoluter Anfänger. Verwenden Sie einen der drei Pläne in diesem Buch und befolgen Sie ihn während der ersten paar Wochen exakt (von der ersten Woche an). Nach 2-3 Wochen ist es am besten, mit dem Plan fortzufahren. Wenn Sie jedoch weder Schmerzen noch Beschwerden haben und auch keine schleichende Müdigkeit verspüren, können Sie schneller vorangehen, indem Sie jede dritte Woche überspringen. Nach zwei Monaten ohne Probleme können Sie jede zweite Woche ausfallen lassen, wenn Sie nach wie vor beschwerdefrei sind.

Es tut weh!

Handelt es sich nur um vorübergehende Beschwerden oder um eine echte Verletzung?

Die meisten Beschwerden und Schmerzen, die Sie beim Laufen verspüren, verschwinden nach wenigen Minuten wieder. Wenn die Schmerzen beim Laufen auftreten, sollten Sie zwei zusätzliche Minuten gehen, joggen Sie einige Schritte und gehen Sie weitere zwei Minuten. Wenn die Schmerzen wieder auftreten, nachdem Sie dies 4-5 x getan haben, sollten Sie die Einheit beenden. Wenn die Schmerzen beim Gehen verschwinden, sollten Sie den Rest der Einheit gehen.

Schmerzen beim Gehen

Wenn die Schmerzen beim Gehen nicht verschwinden, sollten Sie es mit sehr kurzen Schritten versuchen. Gehen Sie 30-60 Sekunden. Wenn Sie nach wie vor beim Gehen Beschwerden spüren, setzen Sie sich hin und massieren Sie die schmerzende Stelle, wenn Sie dies können. Bleiben Sie 2-4 Minuten sitzen. Wenn Sie wieder versuchen zu gehen und es noch immer schmerzt, sollten Sie die Einheit beenden.

Es handelt sich um eine Verletzung, wenn ...

- **eine Entzündung vorliegt** – Schwellung in dem betroffenen Bereich.
- **ein Bewegungsverlust vorliegt** – der Fuß, das Knie usw. nicht richtig bewegt und belastet werden kann.
- **Schmerzen auftreten** – es tut weh und diese Schmerzen bleiben oder werden schlimmer.

Behandlungsvorschläge

1. Suchen Sie einen Arzt auf, der andere Läufer mit großem Erfolg behandelt hat und der Sie wieder zum Laufen/Walken bringen will.
2. Verzichten Sie mindestens 2-5 Tage, bei Bedarf länger, auf jede Aktivität, die das Einsetzen des Heilungsprozesses verhindern könnte.
3. Wenn sich der verletzte Bereich an der Hautoberfläche befindet (Sehne, Fuß usw.), reiben Sie die Stelle mit einem Eiswürfel ein – das heißt, reiben Sie konstant 15 Minuten, bis der Bereich taub wird. Fahren Sie damit eine Woche lang fort, auch wenn Sie keine Symptome mehr spüren. Eisbeutel und Eis in Gelform helfen in den meisten Fälle wenig.
4. Wenn das Verletzungsproblem ein Gelenk oder einen Muskel betrifft, fragen Sie Ihren Arzt, ob Sie rezeptpflichtige antientzündliche Medikamente einsetzen dürfen. Nehmen Sie keine Medikamente ohne den Ratschlag Ihres Arztes – und befolgen Sie die Anweisungen.
5. Wenn Sie eine Muskelverletzung haben, suchen Sie einen erfahrenen Sportphysiotherapeuten auf. Versuchen Sie, einen zu finden, der bereits große Behandlungserfolge mit dem Bereich, der bei Ihnen verletzt ist, aufweisen kann. Magische Finger und Hände können oft Wunder wirken.

Dies ist ein Ratschlag von Läufer zu Läufer. Weitere Informationen zu Verletzungen, Behandlung usw. finden Sie in Kap. 19 „Verletzungsfrei laufen" in diesem Buch und in der 2. Auflage von *Laufen mit Galloway*.

Keine Energie heute

Es wird jedes Jahr eine Reihe von Tagen geben, an denen Sie sich nicht so fühlen, als ob Sie trainieren könnten. An den meisten dieser Tage werden Sie trotzdem trainieren und das Training genießen. Aber hin und wieder wird Ihnen dies nicht gelingen, wegen einer Infektion, schleichender Müdigkeit oder wegen eines anderen körperlichen Problems. Im Folgenden finden Sie eine Liste von Dingen, die Ihnen Energie geben können. Wenn diese Tipps Sie nicht zu einem Lauf bringen, sollten Sie die Ernährungsabschnitte lesen – vor allem das Blutzuckerkapitel in diesem Buch oder in der 2. Auflage von *Laufen mit Galloway*.

1. Essen Sie etwa eine Stunde vor dem Lauf einen Energieriegel, mit Wasser oder einem koffeinhaltigen Getränk.
2. Stattdessen können Sie eine halbe Stunde vor dem Lauf ein 100-200 Kalorien enthaltendes Sportgetränk trinken, das zu 80 % aus einfachen Kohlenhydraten und zu 20 % aus Eiweiß besteht.
3. Wenn Sie nur für fünf Minuten aus Ihrem Haus oder Ihrem Büro hinausgehen, reicht dies oft schon aus, um neue Energie zu tanken. Indem Sie sich körperlich bewegen, kommen Sie auch geistig in Schwung.
4. Einer der Hauptgründe für fehlende Energie ist, dass Sie darauf verzichtet haben, innerhalb von 30 Minuten nach Ihrer letzten Trainingseinheit Ener-

gie zu tanken: 200-300 Kalorien einer Mischung aus 80 % Kohlenhydraten und 20 % Eiweiß.

5. Diäten mit geringem Kohlenhydratgehalt verringern die Energie, die notwendig ist, vor einer Trainingseinheit motiviert zu sein und bewirken oft, dass Ihnen die Energie fehlt, um die Trainingseinheit erfolgreich zu beenden.
6. In den meisten Fällen ist es o. k., wenn Sie trotz fehlender Energie trainieren. Wenn Sie jedoch eine Infektion spüren, sollten Sie einen Arzt aufsuchen. Wenn Sie mehrere Tage lang keine Energie haben, sollten Sie einen Ernährungsberater aufsuchen, der mit den Bedürfnissen von Läufern vertraut ist und/oder Sie sollten Ihr Blut untersuchen lassen. Der Energiemangel kann seine Gründe in Eisenmangel, Vitamin-B-Mangel, leeren Energiespeichern usw. haben.

ANMERKUNG: Wenn Sie Probleme mit Koffein haben, sollten Sie keine koffeinhaltigen Produkte konsumieren. Wie immer, sollten Sie einen Arzt aufsuchen, wenn Sie gesundheitliche Probleme spüren.

Seitenstiche

Seitenstiche treten sehr häufig auf und lassen sich in der Regel leicht beheben. Normalerweise sind Seitenstiche nichts, über das man sich Sorgen machen muss, sie sind nur unangenehm. Seitenstiche haben folgende Ursachen: 1. Sie atmen nicht tief genug oder 2. Sie laufen von Anfang an etwas zu schnell. Sie können die zweite Ursache leicht beheben, indem Sie am Beginn Ihres Trainings mehr gehen und Ihr Lauftempo verringern.

Wenn Sie von Beginn eines Laufs an tief einatmen, können Sie Seitenstiche verhindern. Bei dieser Art der Einatmung wird die Luft in den unteren Lungen verteilt. Man nennt diese Atemmethode auch „Bauchatmung"; sie tritt während des Schlafs auf und bei ihr ist die Sauerstoffaufnahme am besten. Wenn Sie während des Laufens nicht tief atmen und Sie nicht die Menge an Sauerstoff bekommen, die Sie benötigen, zeigen die

TIPP:
Einige Läufer haben festgestellt, dass die Seitenstiche verschwinden, wenn Sie mit der Hand auf der Körperseite der Seitenstiche einen Stein fest umklammern. Pressen Sie Ihre Finger etwa 15 Sekunden um den Stein und wiederholen Sie das 3-5 x.

ANMERKUNG:
Atmen Sie nie schnell ein und aus, denn dies kann zu Hyperventilation, Schwindel und Bewusstlosigkeit führen.

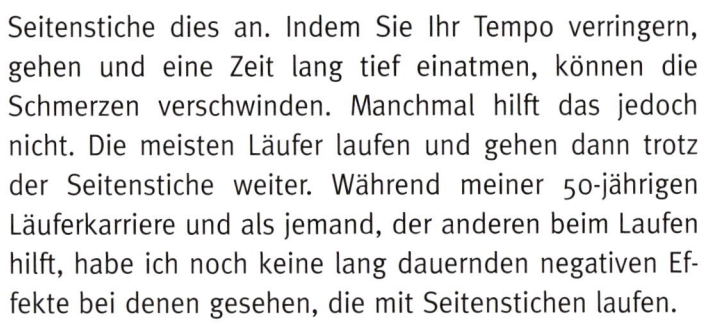

Seitenstiche dies an. Indem Sie Ihr Tempo verringern, gehen und eine Zeit lang tief einatmen, können die Schmerzen verschwinden. Manchmal hilft das jedoch nicht. Die meisten Läufer laufen und gehen dann trotz der Seitenstiche weiter. Während meiner 50-jährigen Läuferkarriere und als jemand, der anderen beim Laufen hilft, habe ich noch keine lang dauernden negativen Effekte bei denen gesehen, die mit Seitenstichen laufen.

Sie müssen bei dieser Atemtechnik nicht maximal tief einatmen. Atmen Sie einfach ganz normal, aber sorgen Sie dafür, dass die Luft in die unteren Lungenbereiche gelangt. Dass dies der Fall ist, merken Sie daran, dass Ihre Bauchdecke sich beim Ein- und Ausatmen nach oben und unten bewegt. Wenn sich nur Ihre Brust nach oben und unten bewegt, atmen Sie flach.

Ich fühle mich an einem Tag großartig ... aber nicht am nächsten Tag

Wenn Sie dieses Problem in den Griff bekommen, könnten Sie damit viel Geld verdienen. Es gibt für diesen Stimmungswechsel keine vernünftigen Gründe, aber es gibt immer „diese Tage", an denen der Körper nicht richtig zu funktionieren oder an denen die Schwerkraft kräftiger als sonst zu wirken scheint – ohne dass Sie dafür einen Grund finden könnten.

1. Machen Sie einfach weiter. Meistens handelt es sich dabei um einmalige Vorkommnisse. Die meisten Läufer legen dann einfach mehr Gehpausen ein und bewältigen diese Situation. Bevor Sie einfach weitermachen, sollten Sie jedoch sicherstellen, dass es keinen medizinischen Grund dafür gibt, dass Sie sich schlecht fühlen.
2. Hitze und/oder eine hohe Luftfeuchtigkeit sorgen dafür, dass Sie sich schlechter fühlen. Sie fühlen sich häufig gut, wenn die Temperatur unter 16° C ist und schlecht, wenn sie über 24° C oder noch höher liegt.

3. Ein niedriger Blutzuckerspiegel kann dafür sorgen, dass jeder Lauf zum schlechten Lauf wird. Es kann sein, dass Sie sich zu Beginn gut fühlen und plötzlich das Gefühl haben, Sie hätten keine Energie mehr. Jeder Schritt fällt unglaublich schwer. Lesen Sie das Kapitel in diesem Buch, in dem dieses Problem behandelt wird.
4. Eine geringe Motivation. Verwenden Sie die mentalen Techniken, die im „Motivations"-Kapitel beschrieben sind, um Sie an einem schlechten Tag zum Laufen zu bringen. Diese Techniken haben zahlreichen Läufern geholfen, ihre Einstellung zu ändern – selbst mitten während eines Laufs.
5. Infektionen führen dazu, dass Sie sich lethargisch, unwohl und unfähig fühlen, im selben Tempo so locker zu laufen wie noch einige Tage zuvor. Kontrollieren Sie die normalen Anzeichen (Fieber, Frösteln, geschwollene Lymphdrüsen usw.) und rufen Sie zumindest Ihren Arzt an, wenn Sie einen Verdacht haben.
6. Medikamente und Alkohol beeinflussen, wenn sie am Tag zuvor konsumiert wurden, die Trainingseinheit negativ.
7. Ein langsamerer Start kann darüber entscheiden, ob Sie einen guten oder einen schlechten Tag haben. Wenn Ihr Körper sehr müde oder gestresst ist, bedarf es nur einiger Sekunden zu schnellen Tempos pro Geh- oder Laufkilometer, um Sie dazu zu bringen, dass Sie sich unwohl oder noch schlechter fühlen.

Muskelkrämpfe

Irgendwann erleben alle Läufer einmal Muskelkrämpfe. Diese Muskelkontraktionen kommen normalerweise in den Füßen oder den Wadenmuskeln vor und treten während einer Lauf- oder Walking-Einheit auf.

Sie können aber auch rein zufällig auftreten. Meistens geschieht dies nachts oder wenn Sie an Ihrem Schreibtisch sitzen oder beim Fernsehen nachmittags oder abends.

Die Krämpfe variieren hinsichtlich ihrer Intensität. Die meisten sind nicht sehr stark, aber manchmal können sie so heftig sein, dass sie den Muskel schließen und es schmerzt, wenn sie abgeklungen sind. Massage und eine kurze, leichte Bewegung des Muskels bringt die Krämpfe zum Abklingen. Stretching verschlimmert die Muskelkrämpfe nur noch oder führt zu Muskelfaserrissen.

Die meisten Krämpfe sind auf Überlastungen zurückzuführen – das heißt, Sie tun mehr als in der unmittelbaren Vergangenheit oder belasten sich wiederholt bis an Ihre Grenze, vor allem bei heißem Wetter. Schauen Sie sich das Tempo und den Umfang Ihrer Lauf- und Geheinheiten in Ihrem Trainingstagebuch an und kontrollieren Sie, ob Sie zu lange, zu schnell oder zu lange und zu schnell gelaufen sind.

- Fortgesetztes Laufen steigert die Krampfgefahr. Wenn Sie häufiger Gehpausen einlegen, können Sie das Risiko von Krämpfen auf null bringen oder zumindest reduzieren. Einige Läufer, die Krämpfe bekamen, wenn sie eine Minute liefen und eine Minute gingen, bekamen diese nicht mehr, wenn sie 30 Sekunden liefen und 30-60 Sekunden gingen.
- Bei heißem Wetter hilft ein gutes Elektrolytgetränk, die Salze, die Ihr Körper beim Schwitzen ausscheidet, zu ersetzen.
- Bei sehr langen Wanderungen, Geh- oder Laufeinheiten führt dauerndes Schwitzen, vor allem dann, wenn Sie viel Flüssigkeit zu sich nehmen, dazu, dass Ihr Kochsalzpegel zu sehr absinkt, was Muskelkrämpfe hervorrufen kann. Wenn dies häufig vorkommt, kann eine gepufferte Salztablette hervorragende Dinge leisten.

- Bei vielen Medikamenten, vor allem denjenigen, die den Cholesterinspiegel senken, treten als Nebenwirkung Muskelkrämpfe auf. Läufer, die Medikamente einnehmen und unter Krämpfen leiden, sollten ihren Arzt nach Alternativen fragen.

Folgende Maßnahmen helfen bei Krämpfen:
1. Wärmen Sie sich länger und weniger intensiv auf.
2. Verkürzen Sie Ihre Laufabschnitte.
3. Verlangsamen Sie Ihre Gehphasen und gehen Sie häufiger.
4. Verkürzen Sie Ihre Distanz an einem heißen Tag mit hoher Luftfeuchtigkeit.
5. Unterteilen Sie Ihren Lauf in Abschnitte.
6. Kontrollieren Sie, ob die Krämpfe nicht auf andere Belastungen zurückzuführen sind.
7. Nehmen Sie zu Beginn Ihres Trainings eine gepufferte Salztablette ein.

ANMERKUNG: Wenn Sie unter Bluthochdruck leiden, sollten Sie Ihren Arzt vor der Einnahme von Salzprodukten um Rat fragen.

Magenbeschwerden oder Durchfall

Früher oder später leidet nahezu jeder Läufer einmal unter Übelkeit und Durchfall. Diese Beschwerden werden durch die Gesamtbelastung verursacht.

Obwohl es sich dabei meistens um die Belastung durch den aktuellen Lauf auf Grund der unten aufgelisteten Ursachen handelt, ist Stress das Ergebnis vieler einzigartiger Bedingungen innerhalb eines Individuums.

Ihr Körper löst Übelkeit/Durchfall aus, um Sie dazu zu bringen, Ihre Belastung zu reduzieren, wodurch auch der Stress reduziert wird.

Im Folgenden finden Sie einige häufige Ursachen der zu hohen Belastung:

1. **Zu schnelles oder zu langes Laufen ist die häufigste Ursache.** Läufer sind sich in dieser Hinsicht unsicher, weil das Anfangstempo ihnen nicht zu schnell vorkommt. Jeder Mensch hat eine Ermüdungsschwelle, die diese Bedingungen auslöst. Sie können dieses Problem lösen, indem Sie Ihr Tempo verringern und mehr Gehpausen einlegen.
2. **Eine zu reichhaltige oder zu kurzfristig vor dem Lauf durchgeführte Nahrungsaufnahme.** Ihr Verdauungssystem muss sowohl beim Laufen als auch bei der Verdauung der Nahrung hart arbeiten. Wenn beides zur gleichen Zeit erfolgt, steigert dies den Stress, was zu Übelkeit und anderen Problemen führen kann. Wenn Sie mit vollem Magen laufen, stellt der Verdauungsprozess eine zusätzliche Belastung dar, die Sie möglichst vermeiden sollten.
3. **Essen einer fett- oder eiweißhaltigen Diät.** Bereits eine einzige Mahlzeit, die über 50 % der Kalorien in Form von Fett enthält, kann Stunden später zu Übelkeit und Durchfall führen.
4. **Zu reichhaltiges Essen am Nachmittag oder Abend des Vortags.** Ein reichhaltiges Abendessen ist am nächsten Morgen noch nicht verdaut und wird Ihnen im Magen liegen. Die Auf- und Abbewegungen beim Laufen bedeuten eine Belastung des Systems und können zu Übelkeit oder Durchfall führen.
5. **Hitze und hohe Luftfeuchtigkeit** sind Hauptursachen von Übelkeit und Durchfall. Einige Menschen, die sich nicht gut an Hitze anpassen können, erleben schon bei geringfügigen Temperaturanstiegen und Steigerungen der Luftfeuchtigkeit Übelkeit und Durchfall. Bei heißen Bedingungen trifft jedoch jeden der Anstieg der Körperkerntemperatur, der eine erhebliche Belastung für das System darstellt – was oft zu Übelkeit und manchmal zu Durchfall führt. Indem Sie Ihr Tempo verringern, mehr Gehpausen einlegen und Wasser über Ihren Kopf

gießen, können Sie mit diesem Temperaturanstieg besser umgehen.

6. **Zu reichliche Wasseraufnahme vor einem Lauf.** Wenn Sie zu viel Wasser in Ihrem Magen haben und sich heftig bewegen, setzen Sie Ihr Verdauungssystem einer hohen Belastung aus. Reduzieren Sie Ihre Wasseraufnahme auf das notwendige Minimum. Die meisten Läufer brauchen vor einem Lauf, der 60 Minuten lang oder kürzer ist, überhaupt nichts zu trinken.

7. **Zu reichliche Aufnahme von zuckerhaltigen oder Elektrolytgetränken.** Wasser ist die Flüssigkeit, die der Körper am leichtesten verdauen kann. Der Zusatz von Zucker und/oder Elektrolyten bzw. Mineralien, wie bei Sportgetränken, führt dazu, dass die Substanz schwerer zu verdauen ist. Während eines Laufs (vor allem an einem heißen Tag) ist es am besten, nur Wasser zu trinken, am besten kaltes Wasser.

8. **Aufnahme von zu viel Wasser unmittelbar nach einem Lauf.** Selbst wenn Sie durstig sind, sollten Sie keine großen Flüssigkeitsmengen in sich hineinschütten. Versuchen Sie, nicht mehr als 0,2-0,3 l alle 20 Minuten zu trinken. Wenn Sie besonders zu Übelkeit und Durchfall neigen, sollten Sie nur alle fünf Minuten 2-4 Schlucke zu sich nehmen. Wenn der Körper sehr belastet und ermüdet ist, sollten Sie keine zuckerhaltigen Getränke aufnehmen. Die zusätzliche Belastung, die die Verdauung des Zuckers darstellt, kann zu Problemen führen.

9. **Lassen Sie nicht zu, dass das Laufen für Sie zum Stress wird.** Einige Läufer sind zu sehr davon besessen, ihren Lauf zu absolvieren oder ein bestimmtes Tempo zu laufen. Dies bedeutet zusätzlichen Stress. Entspannen Sie und sorgen Sie dafür, dass Sie mit dem Laufen andere Spannungen in Ihrem Leben abbauen.

Kopfschmerzen

Es gibt mehrere Gründe dafür, dass Läufer während eines Laufs Kopfschmerzen bekommen. Kopfschmerzen kommen zwar selten vor, aber der durchschnittliche Läufer wird davon 1-5 x im Jahr betroffen. Die zusätzliche Belastung, die das Laufen für Ihren Körper darstellt, kann an einem harten Tag Kopfschmerzen auslösen – selbst unter Berücksichtigung der Entspannung, die der Lauf bewirkt. Bei vielen Läufern kann die Einnahme einiger rezeptfreier Kopfschmerztabletten das Problem lösen. Wie immer sollten Sie Ihren Arzt hinsichtlich der Einnahme von Medikamenten um Rat fragen. Im Folgenden finden Sie die Ursachen und Lösungen:

Dehydration – wenn Sie morgens laufen, sollten Sie darauf achten, vor dem Lauf ausreichend zu trinken. Vermeiden Sie Alkohol, wenn Sie morgens laufen und zu Kopfschmerzen neigen. Achten Sie auch auf den Salzgehalt Ihres Abendessens am Tag davor. Ein gutes Sportgetränk, das Sie am Tag zuvor über den ganzen Tag verteilt zu sich nehmen, trägt dazu bei, dass Ihre Flüssigkeits- und Elektrolytkonzentration erhalten bleibt. Wenn Sie nachmittags laufen, sollten Sie am Tag des Laufs denselben Rat wie vor dem Lauf befolgen.
Medikamente können oft zu Dehydration führen – es gibt einige Medikamente, die Läufer anfälliger für Kopfschmerzen machen. Fragen Sie Ihren Arzt um Rat.
Zu heiß für Sie – laufen Sie zu einer kühleren Tageszeit (normalerweise morgens, bevor die Sonne über den Horizont steigt). Wenn Sie bei Hitze laufen, sollten Sie sich Wasser über den Kopf gießen.
Wenn Sie ein bisschen zu schnell laufen – beginnen Sie alle Läufe etwas langsamer, gehen Sie während der ersten Hälfte des Laufs mehr.
Wenn Sie eine längere Strecke laufen als in der unmittelbaren Vergangenheit – kontrollieren Sie Ihren Kilo-

meterumfang und steigern Sie die Distanz um nicht mehr als 15 % über die Strecke hinaus, die Sie bei einem einzigen Lauf der vorangegangenen Woche gelaufen sind.

Niedriger Blutzuckerspiegel – achten Sie darauf, dass Sie Ihren Blutzuckerspiegel 30-60 Minuten vor dem Lauf mithilfe eines Imbiss nach oben treiben. Wenn Sie daran gewöhnt sind, kann in dieser Situation auch ein koffeinhaltiges Getränk helfen.

Wenn Sie zu Migräne neigen, sollten Sie auf Koffein im Allgemeinen verzichten und Ihr Bestes tun, um eine Dehydration zu vermeiden. Sprechen Sie mit Ihrem Arzt über andere Möglichkeiten.

Achten Sie auf Ihre Hals- und Lendenwirbelsäule – Wenn Sie mit einer leichten Vorneigung laufen, setzen Sie Ihre Wirbelsäule einem Druck aus – vor allem im Bereich der Hals- und Lendenwirbelsäule. Lesen Sie das Technikkapitel in diesem Buch und laufen Sie aufrecht.

Sollte ich bei einer Erkältung laufen?

Es gibt bei einer Erkältung so viele individuelle Gesundheitsaspekte, dass Sie mit einem Arzt reden müssen, bevor Sie mit einer Infektion trainieren.

Lungenentzündung – verzichten Sie auf das Laufen! Ein Virus in der Lunge kann in das Herz gelangen und Sie töten. Lungenentzündungen sind in der Regel durch Husten gekennzeichnet.

Eine gewöhnliche Erkältung? Es gibt viele Infektionen, die zu Beginn wie eine normale Erkältung aussehen, dies aber nicht sind. Zumindest sollten Sie in der Praxis Ihres Arztes vorbeischauen und sich vor dem Laufen eine Freigabe holen. Denken Sie daran, darauf hinzuweisen, wie viel Sie laufen und welche Medikamente Sie nehmen, wenn überhaupt.

Halsinfektion u. Ä. – die meisten Läufer erhalten ein o. k., aber lassen Sie die Angelegenheit vom Arzt kontrollieren.

Straßensicherheit

Jedes Jahr werden mehrere Läufer beim Laufen von Autos angefahren. Die meisten dieser Unfälle sind vermeidbar. Im Folgenden finden Sie die Hauptursachen und was Sie dagegen unternehmen können.

1. Der Fahrer ist betrunken oder von seinem Handy bzw. anderen Dingen abgelenkt

Seien Sie stets auf der Hut – auch wenn Sie auf dem Seitenstreifen oder Fußgängerweg laufen. Viele tödliche Unfälle sind passiert, weil der Fahrer die Kontrolle verlor und plötzlich auf der falschen Seite der Straße von hinten auf einen Läufer auffuhr.

Ich weiß, was es für ein schönes Gefühl ist, wenn man seine rechte Gehirnhälfte auf „Autopilot" eingestellt hat, aber Sie können eine lebensbedrohliche Situation vermeiden, wenn Sie die Augen offen halten und sich auf Risiken einstellen.

2. Der Läufer läuft bei Rotlicht über eine Kreuzung

Wenn Sie mit einer anderen Person zusammen laufen oder walken, sollten Sie dieser nicht blindlings über eine Kreuzung folgen. Läufer, die schnell und ohne zu schauen über eine Straße sprinten, werden oft von Fahrzeugen überrascht, die plötzlich auftauchen.

Die beste Regel ist die, die Sie als Kind hörten: Wenn Sie an eine Kreuzung kommen, halten Sie an und schauen Sie, wie die Verkehrssituation ist. Schauen Sie wiederholt in beide Richtungen, bevor Sie die Straße überqueren. Achten Sie darauf, dass Sie die Kreuzung schnell verlassen können, falls sich ein Auto plötzlich nähert.

3. Manchmal geraten Läufer auf die Straße, während sie sich beim Laufen oder Walken unterhalten

Einer der sehr positiven Aspekte des Laufens verwandelt sich in diesem Fall in einen negativen. Ja, unterhalten Sie sich und genießen Sie die Zeit, die Sie mit Ihren Freunden verbringen. Aber jeder Läufer in einer Gruppe ist für seine eigene Sicherheit und seine gefahrlose Fortbewegung usw. selbst verantwortlich. Der größte Fehler, den ich sehe, ist, dass die Läufer im hinteren Bereich einer Gruppe meinen, dass sie sich überhaupt nicht um den Verkehr kümmern müssen. Diese Sorglosigkeit ist sehr riskant.

- Im Allgemeinen sollten Sie bereit sein, sich vor einer Reihe von Verkehrsproblemen dadurch zu schützen, dass Sie die unten stehenden Regeln befolgen. Obwohl die unten aufgeführten Regeln offensichtlich erscheinen, werden jedes Jahr viele Läufer von Autos angefahren, weil sie sie ignorieren.
- Achten Sie ständig, d. h. zu jeder Zeit, auf den Verkehr.
- Stellen Sie sich vor, alle Autofahrer seien betrunken oder verrückt oder beides. Wenn Sie eine plötzliche Bewegung eines Autos sehen, sollten Sie darauf vorbereitet sein, auszuweichen.
- Üben Sie das sicherheitsbetonte Laufen mental. Gewöhnen Sie sich an, stets vorauszudenken, mit einem Plan für den aktuellen Straßenabschnitt.
- Laufen Sie so weit abseits von der Straße wie möglich. Laufen Sie, wenn möglich, auf dem Seitenstreifen oder dem Fußgängerweg.
- Laufen Sie dem Verkehr entgegen. Ein großer Prozentsatz von Verkehrstodesopfern rührt daher, dass die Läufer mit dem Verkehr laufen und die Bedrohung von hinten nicht wahrnehmen.

LAUFEN – DER PERFEKTE EINSTIEG

- Tragen Sie Kleidung, deren Rückseite reflektiert. Ich habe Berichte gehört, dass derartige Kleidungsstücke Leben gerettet haben.
- Übernehmen Sie die Kontrolle über Ihre Sicherheit – Sie selbst sind normalerweise der Einzige auf der Straße, der Sie rettet.

Hunde

Wenn Sie das Revier eines Hundes betreten, kann es zu einer Konfrontation kommen. Im Folgenden finden Sie meine Vorschläge, wie Sie am besten mit dieser Situation umgehen:

1. Es gibt einige gute Hilfsmittel, mit denen man Hunde abschrecken kann: einen simplen Stock, Steine und einige elektronische Geräte, Pfefferspray. Wenn Sie sich in einem neuen Gebiet aufhalten oder in einem Gebiet, das für Hunde bekannt ist, empfehle ich Ihnen, eines dieser Abwehrmittel immer dabei zu haben.
2. Beim ersten Zeichen eines Hundes vor Ihnen oder einem Bellen sollten Sie versuchen herauszufinden, wo sich der Hund aufhält, ob der Hund eine echte Bedrohung darstellt und welches Territorium der Hund bewacht.
3. Die beste Alternative ist, eine andere Strecke zu laufen.
4. Wenn Sie wirklich an dem Hund vorbeilaufen wollen oder müssen, sollten Sie einen Stein aufheben, wenn Sie kein anderes Hundeabwehrmittel haben.
5. Beobachten Sie den Schwanz des Hundes. Wenn er nicht damit wedelt, sollten Sie auf der Hut sein.
6. Wenn Sie sich dem Hund nähern, ist es natürlich für den Hund, zu bellen und auf Sie loszustürmen. Heben Sie Ihre Hand, als ob Sie den Stein werfen würden. Meiner Erfahrung nach zieht sich der Hund mit 90 %iger Wahrscheinlichkeit zurück. Es kann sein, dass Sie das mehrmals tun müssen, ehe Sie

das Territorium des Hundes durchlaufen haben. Halten Sie Ihren Arm oben.

7. In einigen wenigen Fällen müssen Sie den Stein werfen und manchmal noch einen, wenn der Hund sich nicht abschrecken lässt.

8. In weniger als 1 % der Fälle, in denen ich mit Hunden zu tun hatte, war mit dem Hund etwas faul und er lief weiter auf mich zu. In solchen Situationen sind normalerweise die Rückenhaare des Hundes aufgerichtet. Schauen Sie sich dann nach einer Barriere um, hinter die Sie gelangen können, rufen Sie so laut, dass der Besitzer des Hundes kommen und Ihnen helfen kann. Wenn ein Auto vorbeifährt, versuchen Sie, es anzuhalten. Sie sollten dann entweder hinter dem Auto bleiben, solange Sie das Territorium des Hundes noch nicht verlassen haben, oder steigen Sie in das Auto ein, um sich zu schützen, falls das die einzige Rettungsmaßnahme ist.

9. Entwickeln Sie Ihre eigene Stimme. Einige verwenden eine tiefe, fordernde Stimme, andere eine eher hohe Stimme. Was auch immer Sie für eine Stimme verwenden, Sie sollten Selbstvertrauen und Autorität vermitteln.

31 Problembeseitigung, Beschwerden und Schmerzen

Beim ersten Anzeichen von Reizungen in den folgenden Bereichen sollten Sie Kap. 21 lesen. Es ist immer besser, 2-3 Tage mit dem Laufen auszusetzen und dann wieder anzufangen und einige Technikanpassungen vorzunehmen. Bei den meisten der im Folgenden aufgeführten Bereiche habe ich festgestellt, dass Stretching das Problem verschlimmert. Weitere Informationen finden Sie in der 2. Auflage von *Laufen mit Galloway*.

Schienbein: Reizung im vorderen Schienbeinbereich („Shin Splints")
Ursachen:

1. Zu schnelle Steigerung – walken Sie nur 1-2 Wochen lang und zwar mit kurzen Schritten und in mäßigem Tempo.
2. Zu schnelles Laufen, selbst für nur einen Tag – wenn Sie im Zweifel sind, laufen und gehen Sie bei allen Trainingseinheiten langsamer.
3. Laufen oder Walken mit zu langen Schritten – verkürzen Sie Ihre Schritte und „schlurfen" Sie mehr.

Reizung an der Innenseite des Unterschenkels
Ursachen:

1. Dieselben drei Ursachen wie bei den Shin Splints im Bereich der Schienbeinvorderseite, siehe oben.
2. Häufiger bei Läufern, die überpronieren. Dies bedeutet, dass sie beim Abdruck auf die Fußinnenseite rollen.
3. Es kann sein, dass die Schuhe zu weich sind, wodurch ein instabiler/pronierter Fuß mehr nach innen rollt, als es normalerweise der Fall ist.

Korrekturen:

1. Reduzieren Sie Ihre Schrittlänge.
2. Legen Sie häufiger Gehpausen ein und zwar von Anfang an.

ANMERKUNG: Selbst nachdem Sie Ihre Korrekturen vorgenommen haben, benötigen Schienbeinprobleme mehrere Wochen zur Heilung. So lange es sich bei dem Schienbeinproblem nicht um eine Ermüdungsfraktur handelt, heilt die Verletzung bei lockerem Laufen genauso schnell (oder schneller) als bei kompletter Ruhe. Allgemein gilt, dass die meisten Läufer mit Shin Splints trotzdem laufen können – sie brauchen nur unterhalb der Schwelle zu bleiben, die zu weiteren Reizungen führt.

LAUFEN – DER PERFEKTE EINSTIEG

3. Wenn Sie im vorderen Fußbereich überpronieren, sollten Sie sich einen stabilen Schuh anschaffen, der Ihre Bewegung kontrolliert.
4. Fragen Sie Ihren Orthopäden, ob es Einlagen gibt, die Ihnen helfen.

Ermüdete und verhärtete Schulter- und Halsmuskeln
Primäre Ursache:

1. Zu weite Vorneigung beim Laufen.

Andere Ursachen:

1. Die Arme werden beim Laufen zu weit vom Körper weggehalten.
2. Zu betontes Schwingen der Arme und Schultern beim Laufen.

Korrekturen:

1. Verwenden Sie das Bild der „Marionette" (siehe Kap. 18 „Lauftechnik") etwa alle 4-5 Minuten bei allen Lauf- und Walking-Einheiten – vor allem bei den längeren Einheiten. Mehr dazu finden Sie im Abschnitt zur Haltung.
2. Beobachten Sie, wie Sie Ihre Arme halten. Versuchen Sie, sie dicht am Körper zu halten.
3. Minimieren Sie den Schwung Ihrer Arme. Halten Sie die Hände eng am Körper, sodass sie beim Schwingen Ihrer Arme leicht Ihr Trikot oder die Außenseite Ihrer Shorts berühren.

Lendenwirbelsäule: verhärtet, gereizt oder schmerzend nach einem Lauf
Ursachen:

1. Zu große Vorneigung beim Laufen.
2. Zu große Schrittlänge.

Korrekturen:

1. Verwenden Sie das Bild von der „Marionette" mehrere Male bei allen Lauf- und Walking-Einheiten – vor allem bei den längeren Einheiten. Mehr dazu finden Sie in Kap. 18 „Lauftechnik", im Abschnitt zur Haltung.
2. Fragen Sie einen Physiotherapeuten, ob Krafttraining helfen kann.
3. Wenn Sie unsicher sind, verkürzen Sie Ihre Schrittlänge.
4. Mehr Informationen finden Sie in der 2. Auflage von *Laufen mit Galloway*.

Knieschmerzen am Ende eines Laufs
Ursachen:

1. Die Schrittlänge könnte zu groß sein.
2. Sie haben zu früh zu viel trainiert.
3. Sie haben zu wenig Gehpausen, und zwar nicht regelmäßig und nicht von Beginn an, eingelegt.
4. Wenn die Hauptlaufmuskeln ermüden, neigen Sie zu seitlichen Schwankungen.

Korrekturen:

1. Reduzieren Sie Ihre Schrittlänge.
2. Bewegen Sie die Füße dichter am Boden, schlurfen Sie mehr.
3. Tragen Sie Ihren Kilometerumfang in ein Trainingstagebuch ein und steigern Sie Ihren Umfang um nicht mehr als 10 % pro Woche.
4. Unterbrechen Sie Ihren Lauf häufiger mit Gehpausen.
5. Beginnen Sie mit einem langsameren Tempo.

Hinter dem Knie: Schmerzen, Verhärtungen oder dauernde Reizung bzw. Schwäche

Ursachen:

1. Stretching.
2. Zu langer Schritt – vor allem am Ende eines Laufs.

Korrekturen:

1. Verzichten Sie auf das Stretching.
2. Halten Sie Ihre Schrittlänge unter Kontrolle.
3. Halten Sie Ihre Füße dicht am Boden.

Hintere Oberschenkelmuskulatur: Verhärtungen, Reizung oder Schmerzen

Ursachen:

1. Stretching.
2. Zu große Schrittlänge.
3. Zu hohes Anheben des Fußes hinter dem Körper beim Rückschwung des Beins.

Korrekturen:

1. Verzichten Sie auf das Stretching.
2. Laufen Sie mit kurzen Schritten und halten Sie Ihre hintere Oberschenkelmuskulatur entspannt – vor allem am Ende eines Laufs.
3. Legen Sie bereits zu Anfang eines Laufs mehr Gehpausen ein und behalten Sie sie möglichst während des gesamten Laufs bei.
4. Wenn Sie Ihr Bein nach hinten schwingen, sollten Sie Ihren Unterschenkel nicht höher heben als bis zu einer Position parallel zur Horizontalen, bevor Sie das Bein wieder nach vorne schwingen.
5. Manchmal kann bei dieser Muskelgruppe eine Tiefengewebsmassage helfen.

Vordere Oberschenkelmuskulatur: gereizt, ermüdet, schmerzend
Ursachen:

1. Zu hohes Anheben der Knie – vor allem im ermüdeten Zustand.
2. Einsatz der Quadrizeps, um das Tempo beim Bergablaufen zu reduzieren – da Sie zu schnell gelaufen sind.

Korrekturen:

1. Laufen Sie mit geringem oder gar keinem Kniehub – vor allem am Ende eines Laufs.
2. Laufen Sie mit Schlurfschritten.
3. Verkürzen Sie Ihre Schrittlänge stark auf den Gipfeln von Hügeln und wenn Sie müde sind, verlängern Sie Ihre Schritte auf gar keinen Fall.
4. Wenn Sie bergab zu schnell laufen, verkürzen Sie Ihre Schritte so lange, bis Sie langsamer laufen und/oder legen Sie beim Abwärtslaufen häufiger Gehpausen ein.

Schmerzhafte Füße oder Unterschenkel
Ursachen:

1. Zu hohe Aufprallbelastungen.
2. Zu starker Abdruck.
3. Schlecht sitzende oder abgelaufene Schuhe.
4. Durchgelaufene Schuhinnensohle.

Korrekturen:

1. Halten Sie die Füße dicht am Boden.
2. Achten Sie auf leichte Bodenberührungen.
3. Lassen Sie Ihre Schuhe kontrollieren, ob sie zu abgelaufen sind.
4. Es kann sein, dass Sie lediglich eine neue Innensohle benötigen.

LAUFEN – DER PERFEKTE EINSTIEG

32 Laufen mit 40, 50, 60 oder 70

Jedes Jahr treffe ich Dutzende Leute, die mir sagen, dass sie wünschten, laufen zu können, aber dass sie leider in jungen Jahren nicht damit begonnen und dass sie jetzt das Gefühl hätten, es sei zu spät, um damit anzufangen. Innerhalb nur weniger Minuten wünschen sich diese Leute, sie hätten mir das nicht gesagt. Ich sage ihnen, dass ich jedes Jahr mit Hunderten von Leuten arbeite, die in ihren Vierzigern, Fünfzigern, Sechzigern, Siebzigern oder sogar über 80 Jahre alt sind und die zum ersten Mal laufen. Die meisten dieser Menschen werden innerhalb von sechs Monaten zu Läufern. Viele von ihnen laufen innerhalb eines Jahres Marathon – ja, sogar diejenigen, die über 80 Jahre alt sind.

Die in diesem Buch beschriebenen Trainingsprinzipien treffen auf alle Altersgruppen zu. Wenn Sie ein gewisses Belastungsmaß einbauen und danach eine Regenerations- bzw. Wiederherstellungspause einlegen, wird sich Ihr Körper stärker anpassen.

Die psychischen Effekte sind in jedem Alter dieselben. Endorphine bewirken, dass Sie ein besseres Muskelgefühl erreichen. Sie haben den ganzen Tag über eine bessere Einstellung – nach einem Lauf. Jeder Lauf bewirkt eine besondere Entspannung, die durch andere Aktivitäten nicht hervorgerufen wird.

Elliott Galloway

Als mein Vater nach seinem 40. Lebensjahr an Gewicht zunahm und immer mehr außer Form geriet, fand er alle möglichen Entschuldigungen, warum er keinen Sport treiben konnte. Als er seinen 50. Geburtstag feierte, hatte auch ich es aufgegeben, ihn dazu bringen zu wollen, sich körperlich zu belasten. Sein „Realitätscheck" war schließlich ein Klassentreffen.

Von 25 Jungen, die in der Footballmannschaft gewesen waren, waren im Alter von 52 Jahren nur noch 12 am Leben. Als er nach Hause fuhr, fiel ihm der Rat sei-

nes Arztes und anderer Personen wieder ein. Es wurde ihm bewusst, dass er als Nächster diese Welt verlassen könnte, zu einer Zeit, als er gerade mit seinem Lebenswerk begonnen hatte – der Gründung einer innovativen Schule.

Als ehemaliger All-State-Athlet war mein Vater geschockt, als er seinen ersten Lauf absolvierte und gerade 100 m schaffte, bevor seine Beine nachgaben. Aber er blieb dabei. Er hatte es sich zur Aufgabe gemacht, jeden zweiten Tag einen Telefonmast weiterzulaufen, bevor er die Strecke zurückging. Innerhalb eines Jahres lief er regelmäßig ca. 5 km um den Golfplatz vor seinem Büro.

Nach einem weiteren Jahr absolvierte er das Peachtree-Straßenrennen über 10 km. Nach weiteren drei Trainingsjahren absolvierte er einen Marathon. Am meisten bin ich stolz darauf, dass mein Vater mit Mitte 80 noch immer jede Woche mehr als 30 km läuft und geht.

Heute arbeite ich mit Dutzenden von Läufern, die von sich sagen, sie seien „über den Berg". Selbst die Anfänger mit über 80 werden vom Willen gepackt, fitter zu werden. Sie können kaum glauben, wie viel besser sie sich fühlen – jeden Tag. Ich muss ehrlich zugeben, dass diese Menschen meine Helden sind. Ich hoffe, ich kann wie sie sein, wenn ich älter werde.

Die Erholungszeit wird nach dem 40. Lebensjahr länger

Da ich laufe, seit ich 13 Jahre alt bin, habe ich kleine Veränderungen bemerkt, die einem normalerweise nicht auffallen. Nur wenn ich jetzt auf fast fünf Laufjahrzehnte zurückblicke, erkenne ich Trends und einige bedenkenswerte Fakten:

1. Ihre Erholungszeit verlangsamt sich nach dem 40. Lebensjahr.
2. Gleichzeitig hat Ihre mentale Konzentrationsfähigkeit zugenommen, sodass Sie sich stärker ausbelasten können.
3. Im Alter von 55 ist im Vergleich zum 40. Lebensjahr wieder eine deutliche Verlangsamung eingetreten.
4. Im Alter von 65 ist selbst im Vergleich zum 55. Lebensjahr noch einmal eine deutliche Verlangsamung eingetreten.
5. Wenn Sie jedes Jahr gleich trainieren, werden Sie sich Verletzungen zuziehen, eine schleichende Ermüdung wird sich einstellen oder Sie werden ausbrennen.
6. Es dauert länger, bis Sie sich für jeden Lauf aufgewärmt haben.
7. Jede Art von schnellem Laufen wird Ihre Erholungszeit verlängern.

Meine Erfahrung: Gehpausen, langsameres Tempo

Als ich mich meinem 40. Geburtstag näherte, begann ich eine zunehmende und andauernde Ermüdung meiner Beine festzustellen, wenn ich an 6-7 Tagen pro Woche lief. Ich beschloss also, demselben Rat zu folgen, den ich anderen Läufern über 40 gab, die sich genauso fühlten: Laufen Sie nur jeden zweiten Tag. Nach etwa vier Wochen waren meine Beine wieder frisch. Aber nach zwei Jahren, in denen ich nur 3 x pro Woche gelaufen war, brauchte ich mehr Endorphine – ich wollte mehr laufen. Allmählich fügte ich mehr Tage hinzu. Jetzt, mit 60, laufe ich wieder jeden Tag.

Wie kommt es dann, dass ich das Laufen mehr genieße als je zuvor, auch wenn ich täglich laufe? Das liegt daran, dass ich viel langsamer laufe und sehr häufig Gehpausen einlege. Zu Beginn jedes Laufs lege ich jede Minute eine Gehpause ein. Nach etwa 5 km gehe ich normalerweise alle 3-4 Minuten, aber manchmal immer noch nach jeder Laufminute. Jeden Tag passe ich mich an mein Körpergefühl an.

Wie oft sollten Sie pro Woche laufen?

Ich möchte Ihnen nicht unbedingt empfehlen, an so vielen Tagen zu laufen wie ich. Nach etwa 50 Laufjahren habe ich viele intuitive Tricks gefunden und ich habe seit mehr als 25 Jahren keine Überlastungsverletzung mehr gehabt. Fühlen Sie sich frei, diesem Teil meines Beispiels zu folgen.

Wenn man an weniger Tagen pro Woche läuft, reduziert man sein Verletzungsrisiko deutlich, behält aber gleichzeitig seine Kondition über Jahrzehnte bei. Selbst wenn Läufer denselben Wochenkilometerumfang beibehalten, reduzieren sie ihr Verletzungsrisiko, indem sie diesen Umfang auf weniger Tage verteilen.

Verteilung der Lauftage pro Woche nach dem Lebensalter

Wenn Sie sich häufiger verletzen, müder als sonst sind oder einfach weniger Spaß am Laufen haben, sollten Sie an weniger Tagen laufen.

Unter 35 Jahren	36-45 Jahre	46-55 Jahre	56-65 Jahre	66-75 Jahre	76+ Jahre
Nicht öfter als an 5 Tagen	4 Tage	Jeden 2. Tag	3 Tage	2 x Laufen/ 2 x Walken	2 x Laufen/ 1 x Walken

Was wollen Sie mit dem Laufen erreichen?

Dies ist die wichtigste Frage, die jeder beantworten muss – besonders aber Läufer über 40. Mir fällt die Antwort leicht – ich möchte in der Lage sein, fast jeden Tag zu laufen, verletzungsfrei, den Rest meines Lebens. Aus diesem Grund verlangsame ich mein Tempo und lege häufig Gehpausen ein. Mein Ego war in der Lage, sich an langsameres Laufen anzupassen und ich weiß, dass ich mich jeden Tag besser fühle, weil ich langsam laufe.

Wie ich im ersten Kapitel erwähnte, treffen Sie die Entscheidung. Wenn Sie bei jedem Lauf eine bestimmte Distanz zurücklegen wollen, oder nicht langsamer laufen wollen als ein bestimmtes Tempo, oder Ihre Altersklasse bei örtlichen Straßenläufen gewinnen wollen, dann ist es Ihr Recht, dies anzustreben. Sorgen Sie jedoch dafür, dass Sie die Telefonnummern Ihrer Sportärzte griffbereit haben.

Für jedes Ziel müssen Sie die Verantwortung für die Konsequenzen übernehmen. Anders gesagt, wenn Sie sich verletzen, weil Sie versuchen, an einem schnelleren Läufer oder einer schnelleren Gruppe dranzubleiben, sollten Sie sich bewusst sein, dass Sie es sind, der sich das auferlegt.

Sie haben die Wahl, in welchem Umfang und in welchem Leistungsbereich Sie trainieren wollen. Denken Sie sorgfältig darüber nach und strukturieren Sie Ihr Training entsprechend.

LAUFEN – DER PERFEKTE EINSTIEG

Eine Serie kleiner Dinge ...

Einer der grausamen Tricks, die unser Körper mit uns spielt, selbst wenn wir über 60 Jahre alt sind, ist, dass wir sehr nahe an die Trainingseinheiten herankommen können, die wir absolviert haben, als wir in unseren Dreißigern waren. Leider nimmt jedoch die Erholungszeit, die nach dieser Powereinheit erforderlich ist, verglichen mit der vor 30 Jahren nötigen Erholungszeit, erheblich zu.

- Verwandlung eines „sozialen Laufs" in ein Rennen. Es ist so leicht, sich in die Irre führen zu lassen, wenn wir uns gut fühlen. Ältere Läufer stellen häufig fest, dass ihre Schrittfrequenz und -mechanik zu Beginn und manchmal auch gegen Ende eines Laufs leicht erscheinen kann. Am nächsten Tag jedoch und am Tag danach sieht die Sache anders aus.
- Wenn Sie versuchen, nicht langsamer zu laufen als ein bestimmtes Tempo, so führt dies an heißen Tagen, auf hügeligen Strecken usw. zu erheblicher Ermüdung. Mentale Aspekte arbeiten gegen uns, wenn wir älter werden. Ihr Geist erinnert sich daran, wann Ihnen ein bestimmtes Tempo als leicht vorkam, und Sie konzentrieren sich darauf, dieses Ziel beizubehalten. Es ist aber besser, mit der Distanz, dem Tempo, der Strecke und dem Wetter flexibler umzugehen.
- Bei kurzen Läufen an Tagen, die besser als lauffreie Erholungstage genutzt würden, handelt es sich um überflüssige Kilometer. In nahezu allen Fällen ist es besser, die Tage, an denen man nur wenige Kilometer zurücklegt, freizuhalten und die Kilometer an anderen Lauftagen in der Woche zusätzlich zu laufen.

- Wenn man Läufe zu schnell beginnt – und seien es nur einige Sekunden pro Kilometer –, so bewirkt dies eine viel größere Ermüdung. Ihre Beine werden sich viel besser fühlen, wenn Sie während der ersten 3-5 km eines Laufs langsamer laufen, als Sie eigentlich laufen könnten.
- Überdehnung führt zu Muskel- und Sehnenzerrungen und verlängert die Heilungszeit bei allen Läufern. Diese Schäden brauchen zur Ausheilung umso länger, je älter Sie werden. Es braucht nicht viel, um eine Dehnung in eine Überdehnung zu verwandeln. Da ich herausgefunden habe, dass Stretching den meisten Läufern, mit denen ich gearbeitet habe, nichts bringt, kann ich es nicht empfehlen. Wenn Sie trotzdem stretchen wollen, sollten Sie sehr vorsichtig sein.
- Wenn Sie Ihre Tempo- oder Ausdauergrenze um mehr als 2 km übertreffen, so verlängert dies deutlich Ihre Erholungszeit. Selbst jüngere Läufer müssen für diese Sünden büßen. Ältere Läufer bezahlen damit, dass sie nach derartigen Belastungen eine längere Zeit lang keine elastischen und widerstandsfähigen Beine haben.
- Das Laufen mit einer schlechten Technik führt zu größerer Ermüdung und zu stärkeren Muskelschäden, je älter wir werden:
  - Zu lange Schritte.
  - Zu starker Abdruck vom Boden (selbst 1 cm reicht schon).
  - Zu hohes Schlagen des Beins nach hinten.
  - Die Weigerung, Gehpausen einzulegen, weil es „feige" ist. Ich bin stolz darauf, ein „feiger" Läufer zu sein, der jeden Tag läuft – statt zum Sofahocker verdammt zu sein, weil ich nie Gehpausen einlege.

33 Herzerkrankung und Laufen

Laufen hat eine vorbeugende Wirkung gegenüber Herz-Kreislauf-Krankheiten. Aber es sterben mehr Läufer an Herzerkrankungen als an allen anderen Ursachen und sie sind anfällig für dieselben Risikofaktoren wie Personen, die keinen Sport treiben. Ich kenne eine Anzahl von Läufern, die Herzinfarkte und Schlaganfälle hatten und die diese vermutlich hätten verhindern können, wenn sie einige einfache Tests durchgeführt hätten.

Ihr Herz ist das wichtigste Organ Ihres Körpers. Dieser kurze Abschnitt soll Sie dazu anleiten, Kontrolle über Ihre Herzgesundheit zu übernehmen – über das wichtigste Organ für die Langlebigkeit und die Lebensqualität. Wie immer, müssen Sie sich Rat über Ihre individuelle Situation von einem Kardiologen beschaffen, der Sie kennt und Spezialist auf seinem Gebiet ist.

Risikofaktoren – lassen Sie sich untersuchen, wenn Sie zwei davon haben – oder einen ernsthaften

- Fälle von Herzerkrankungen in Ihrer Familie.
- Schlechte Lebensgewohnheiten in jungen Jahren.
- Fett- und cholesterinreiche Ernährung.
- Sie waren früher oder sind noch immer Raucher.
- Adipositas oder erhebliches Übergewicht.
- Bluthochdruck.
- Hohe Cholesterinwerte.

Tests

- Belastungstest – Ihr Herz wird während eines Laufs mit allmählich ansteigender Intensität kontrolliert.
- C-reaktives Protein als Indikator eines erhöhten Risikos.
- Herzscanning – ein elektronisches Scanning Ihres Herzens, wodurch Verkalkungen und mögliche Arterienverengungen offensichtlich werden.
- Radioaktiver Farbtest – sehr effektiv, wenn es darum geht, spezifische Blockaden zu erkennen. Sprechen Sie mit Ihrem Arzt darüber.
- Ultraschalluntersuchung der Kopfschlagader (Arteria carotis) – im Rahmen der Schlaganfallprophylaxe.
- Untersuchung der Arm- und Beinschlagader als Hinweis auf atherosklerotische Ablagerungen im gesamten Arteriensystem.

LAUFEN – DER PERFEKTE EINSTIEG

Keiner dieser Tests vermittelt absolute Sicherheit. Indem Sie mit Ihrem Kardiologen zusammenarbeiten, können Sie leben, bis Ihre Muskeln versagen – über 100 Jahre.

Bildnachweis

Umschlagfoto:	dpa Picture-Alliance, Frankfurt
Umschlaggestaltung:	Sabine Groten, Aachen
Fotos Innenteil:	Polar Electro GmbH, Büttelborn
	Brennan Galloway
	Westin Galloway
	Gregory Sheats
	S. 54 © Natalie/fotolia.com